Success15 fifteen

サクセス15
November 2015
11

http://success.waseda-ac.net/

CONTENTS

information
―インフォメーション―

早稲田アカデミー
各イベントのご紹介です。
お気軽にお問い合わせください。

中2・3対象 日曜特訓講座

お申し込み受付中
お近くの早稲田アカデミー各校舎までお気軽にどうぞ

一回合計5時間の「弱点単元集中特訓」！

難問として入試で問われることの多い“単元”は、なかなか得点できないものですが、その一方で解法やコツを会得してしまえば大きな武器になります。早稲田アカデミーの日曜特訓は、お子様の「本気」に応える、テーマ別集中特訓講座。選りすぐりの講師陣が、日曜日の合計5時間に及ぶ授業で「分かった！」という感動と自信を、そして揺るぎない得点力をお子様にお渡しいたします。

中2必勝ジュニア　中2対象

［科目］英語・数学　［時間］13：30～18：45
［日程］11/8、11/29、1/10

「まだ中2だから……」なんて、本当にそれでいいのでしょうか。もし、君が高校入試で早慶など難関校に『絶対に合格したい！』と思っているならば、「本気の学習」に早く取り組んでいかなくてはいけません。大きな目標である『合格』を果たすには、言うまでもなく全国トップレベルの実力が必要となります。そして、その実力は、自らがそのレベルに挑戦し、自らが努力しながらつかみ取っていくべきものなのです。合格に必要なレベルを知り、トップレベルの問題に対応できるだけの柔軟な思考力を養うことが何よりも重要です。さあ、中2の今だからこそトライしていこう！

中3日曜特訓　中3対象

［科目］英語・数学　［時間］13：30～18：45
［日程］10/25、11/15、11/22、11/29、12/20

いよいよ入試まであと残りわずかとなりました。入試に向けて、最後の追い込みをしていかなくてはいけません。ところが「じゃあ、いったい何をやればいいんだろう？」と、考え込んでしまうことが多いものです。

そんな君たちに、早稲田アカデミーはこの『日曜特訓講座』をフル活用してもらいたいと思います。1学期の日曜特訓が、中1～中2の復習を踏まえた基礎力の養成が目的であったのに対し、2学期の日曜特訓は入試即応の実戦的な内容になっています。また、近年の入試傾向を徹底的に分析した結果、最も出題されやすい単元をズラリとそろえていますから、参加することによって確実に入試での得点力をアップさせることができるのです。よって、現在の自分自身の学力をよく考えてみて、少しでも不安のある単元には積極的に参加するようにしてください。1日たった5時間の授業で、きっとスペシャリストになれるはずです。さあ、志望校合格を目指してラストスパート！

中3 作文コース

公立高校の記述問題にも対応
国語の総合力がアップ

演習主体の授業＋徹底添削で、作文力・記述力を徹底強化！

推薦入試のみならず、一般入試においても「作文」「小論文」「記述」の出題割合は年々増加傾向にあります。たとえば開成の記述、慶應女子の600字作文、早大学院の1200字小論文や都県立推薦入試や一般入試の作文・小論文が好例です。本講座では高校入試突破のために必要不可欠な作文記述の“エッセンス”を、ムダを極力排した「演習主体」のカリキュラムと、中堅校から最難関校レベルにまで対応できる新開発の教材、作文指導の“ツボ”を心得た講師陣の授業・個別の赤ペン添削指導により、お子様の力量を合格レベルまで引き上げます。また作文力を鍛えることで、読解力・記述式設問の解答能力アップも高いレベルで期待できます。

- **9月～12月**（月4回授業）
- **毎　週**　校舎によって異なります
- **時　間**　17：00～18：30（校舎によって異なります）
- **入塾金**　21,600円（基本コース生は不要）
- **授業料**　12,500円／1ヶ月（教材費を含みます）

受付中

中1 首都圏トップレベルを目指す中1生集まれ！

1Sクラス選抜試験 11/14㊏

無料　別日受験できます！
パソコン・スマホで簡単申込み!!

【実施会場】
早稲田アカデミー各校舎
時間は校舎により異なります。

中2 開成・国立附属・早慶附属高を目指す中2対象

特訓クラス選抜試験 11/14㊏

無料　別日受験できます！
パソコン・スマホで簡単申込み!!

【実施会場】
早稲田アカデミー各校舎
時間は校舎により異なります。

「日曜特訓講座」「作文コース」に関するお申し込み・お問い合わせは最寄りの
早稲田アカデミーまたは **本部教務部 03（5954）1731** まで

一流中学
高校受験

早稲田アカデミー

知識を醸成し新しい知識を創造してこそ意味がある

東京大学名誉教授・開成学園校長　柳沢 幸雄 先生

8月25日（火）、東京の大手町サンケイプラザで東京大学名誉教授・開成学園校長の柳沢幸雄先生による「夏休み特別講義」（早稲田アカデミー主催）が行われました。今回は、参加した生徒たちと柳沢先生による、iPadを使った双方向・対話型授業「シミュレーションゲーム72時間」を第一部とし、続いて第二部は「問題解決能力と未来」と題した柳沢先生の講義が行われました。参加したみんなが「貴重な体験ができた」という特別講義。さて、どのように展開されたのでしょうか。

柳沢幸雄（やなぎさわ ゆきお）先生
1947年生まれ、開成中学校・高等学校卒、東京大学工学部卒、ハーバード大学准教授・併任教授を経て、東大大学院教授。工学博士。2011年から開成中学校・高等学校校長。

iPadを使って対話型授業

今回の講義は、小学校6年生、中学校3年生が参加し、5人ずつのグループに分かれます。それぞれのテーブルの真ん中にはiPadが置いてあります。

まず、講義のルールとして柳沢先生から「各グループでニックネームをつけ、3分以内にiPadに入力せよ」という指示が最初に出されました。この話し合いの作業で、初対面の生徒たちがアッという間にうちとけ、iPadの操作にも慣れていきます。

「アンパンマン」「日光サル軍団」…。考えられた各グループのニックネームが次々とiPadの画面に書き込まれて、みんなに共有され、もちろん、先生の手元にも届きます。

次の先生の指示は「テーブルに置かれた名札に、そのニックネームを書きなさい」。その名札は高さ30㎝ほどの三角柱で、この日の講義の進行には欠かせないものでした。意見のあるグループは、その三角柱を立てること、他のグループの発言中は、その発言のじゃまをしないこと、という2つの約束に沿って、第一部が進められたのです。「この方法は国際会議などでも採用されているものです」と先生は教えてくれました。

シミュレーションの大切さ

話し合いの進め方にも慣れたところで、第一部「シミュレーションゲーム72時間」が始まりました。どんなゲーム内容なのか、だれも知らされていません。

そのとき、突然鳴り響く「緊急地震速報」…。そう、今回のゲームは、大地震が起きたことを想定したシミュレーションゲームだったのです。「さあ、大きな地震が起きた、いま、君たちはどこにいる？ まず、なにをする？」。各グループがその想定に対する答えをiPadに書き込みます。

シミュレーションは時系列に進み、「揺れがおさまったあと、どのような被害、影響が考えられるか」「地震発生後数時間が経過、行うべき行動を重要な順に」「1日が経過した。注意すべきことを重要な順に」

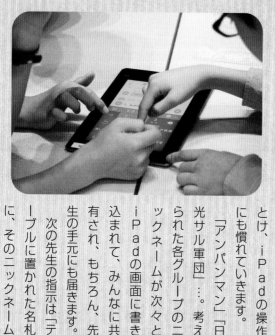

「生命・生活にどのような影響が出てくるか」などの質問が先生から次々と繰り出され、想定した答えが各グループから返ってきます。まさに、双方向、対話型の講義です。

　先生は、まとめとして、「3分間、呼吸ができなければ」「3日間、水が飲めなければ」「3週間、食料がなくなったら」、人間は生命を維持できない、ということを話され、このことに沿ってシミュレーションゲームをしたことが明かされました。

　そして、シミュレーションすることの大切さを説き、ニュースを見たら「自分だったらどうするか」ということを、つねに考えるようにしよう呼びかけられました。

新しい知識を創り出す

　第二部は柳沢先生の講義「問題解決能力と未来」です。

　「人間は絶えず問題にぶつかる」、では「起きた問題を解決するにはどうしたいいのか」というところから、講義は始まりました。問題を解決するには「絶えず考えること」、しかも「想定して考えておくこと」が大切だ、というのです。つまり、第一部の「シミュレーションゲーム」はこの講義の前置きだったのです。


　重要なのは、想定して、得ておく知識だと柳沢先生は言います。では、知識にはどういう意味があるのか。先生は「知識は得るだけでは意味がない」「得た知識を活用してこそ意味がある」と話され、さらに「新しい知識を創り出すこと」が最も大事であり、人類に貢献することだと強調されました。

　では、そのためにはどのようにして知識を得ていくプロセスが必要なのか。

　柳沢先生のお考えでは、人間の知識は、次のような過程で形成されていくと言います。
　①本能の時代　②吸収の時代　③理解の時代　④理解と定着の時代　⑤融合の時代　⑥創造の時代の6段階です。

　①「本能の時代」は、生まれてすぐのころのことで、本能にしたがって行動している時代。記憶には残っていません。
　②「吸収の時代」は、触る、見る、聞くものすべてに興味が生まれ、これは記憶に残る時代です。その記憶には意識的な記憶と無意識の記憶とがあるそうです。
　③「理解の時代」は、授業や日々の生活で遭遇する1つひとつの知識や知恵を理解して記憶する時代。
　④「理解と定着の時代」は、理解した知識を既得の知識に関連づけて、長い時間使える定着した知識にする時代です。先生は「そう、これがちょうど、いまの君たちの時代だ」と熱く語りかけます。「知識を理解すると試験問題を解くことができ、知識を定着させると試験問題を作ることができる。つまり、新しい知識を創るためには、知識の定着が必要だ」と言うのです。
　「知識を定着させるには、自分の言葉を使って、文章あるいは口頭で説明できるようにすることが肝心」ともアドバイスしてくれました。
　⑤「融合の時代」については、定着した知識量が増えて臨界点を越えると、知識が融合し創造の種が生まれる、そういう時代だと言います。
　⑥「創造の時代」は、その種が育ち、既存の知識を吸収していき、創造力が爆発する、最も重要な時代だと、先生は位置づけました。
　柳沢先生がいつも口にすることがあります。それは「学んだすべてのものを世の人のために尽くしてこそ、学びの価値がある」ということ。

　なるほど、今回の講義でみんなに伝えたかったメッセージも、人類に貢献できる「創造できる知識」を身につけてほしい、というものでした。

　そんな熱いメッセージが、熱気のうちにみんなにも伝わって、特別講義は終わりの時間を迎えました。

開成中学校・高等学校

所在地：東京都荒川区西日暮里4-2-4
ＴＥＬ：03-3822-0741
アクセス：JR線・地下鉄千代田線・日暮里舎人ライナー「西日暮里駅」徒歩2分
ＵＲＬ：http://www.kaiseigakuen.jp

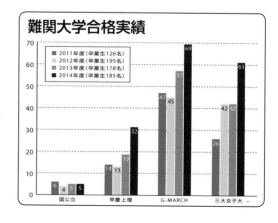

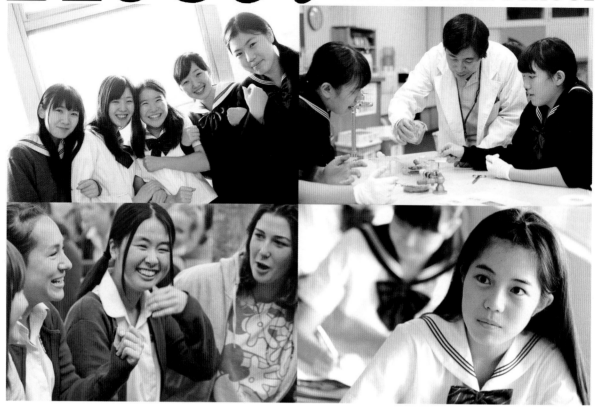

東大への架け橋

VOL.8

text by ゆっぴー

模試の成績が悪くても逃げずに立ち向かおう！

返却された模試の成績表を小さく折りたたんで引き出しの奥深くに封印する。じつはこれ、私が中学生時代にやったことです（笑）。最近机を整理していたら封印した成績表が見つかり、思わず笑ってしまいました。いまではかわいい笑い話ですが、当時は成績の悪い模試を直視したくない、親にばれたら面倒くさい、といった切実な気持ちだったのでしょう。みなさんのなかには、身に覚えのある人がいるかもしれませんね。

しかし、大学受験を経たいまでは当時の自分はとてももったいないことをしていたと思います。そこで今回は悪い成績だったときの正しい反省の仕方を紹介します。

成績が悪かったときは、試験中から「問題が全然わからなかった」「頭が真っ白になった」「時間が足りなかった」などの悪い感触があるはずです。そんなときこそなるべくその日に復習しましょう。間髪空けずやるほど記憶が定着しやすくなります。復習では、なぜ解けなかったのかを徹底的に分析することが大切です。分析方法は色々ありますが、私は間違えた問題を①絶対解けたはずの問題（計算ミス・読み間違いなどのケアレスミス）②解けなくても仕方ない問題の2つに分類しました。①については、具体的に「どこでミスしたか」をメモ帳に一覧で書き出して、試験前につねに確認できるようにしました。そうするとケアレスミスが格段に減りました。②は知識不足があった問題です。その問題が解けなかった＝周辺の知識もあやふやな可能性があるので、解答解説を読むだけでなく、必ず教科書や参考書に戻って調べるようにしていました。自分の弱点を見つめる作業は、最初はしんどいですが、そのうち不思議と「もぐらたたき」をしているような楽しい感覚になってきます。普段はなかなか姿を現してくれない「もぐら」（＝自分の苦手）がひょっこり現れ、見えたらすぐさま「たたく」（＝苦手をつぶす）という一種のゲーム感覚になってきたのです。みなさんも模試の復習をしっかりやればこの感覚を味わえるはずです。

とはいえ、やはり悪い成績では落ち込みます。そんなときは「本番じゃなくてよかった！」と開き直りましょう。幸い、入試と模試はまったく関係なく、模試で失敗しても本番で成功した人はたくさんいます。「自分も本番で成功するんだ！」という気持ちで、粘り強く努力しましょう！

ゆっぴーの大学生活

大学生になるとテストを受ける機会は少し減り、その代わりにレポートを書くことが増えてきます。先生から与えられた問題について本やインターネットで調査したことを基に自分の意見を書くのがレポートです。「なんだ、レポートってテストみたいに暗記しなくて済むからラクそう」なんて思ったら大間違い。レポートの最大の難しさは、先生の出す問題に明確な答えがないというところにあります。

例えば、私が受けていた教育学部の講義で最近出題されたのが「近代産業社会における人間観を描け」という問題。みなさんならどう答えますか？　書いてある言葉の意味がまったくわからないわけではないけど、どこから手をつけていいかわからないと感じた人が多いはずです。実際この問題に答えはなく、文章に説得力さえあれば、おそらくなんでも正解です。

中高では、答えのある問題を解き続けるかもしれませんが、大学になるとこうした「答えのない問題」に立ち向かうこともあるんですよ。

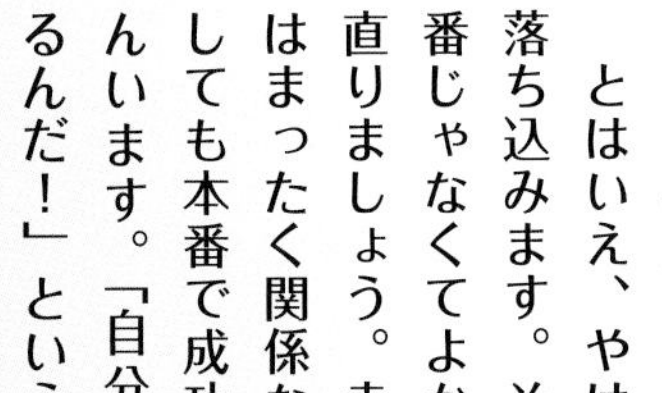

レポート作成時に使用するパソコンと本

現役東大生・ゆっぴーに答えてほしい質問を大募集！
あなたの質問にゆっぴーが答えてくれるかも？

QRコードからも!!

あて先　〒101-0047 東京都千代田区内神田2-4-2 グローバル教育出版 サクセス編集室
FAX：03-5939-6014　e-mail：success15@g-ap.com まで質問をぜひお寄せください！

城北

着実・勤勉・自主

2015年度　城北学園
学校説明会　本校講堂

10月17日(土) 13:30～
11月28日(土) 13:30～
※すべて予約の必要はありません。
※各説明会開始30分前より、学校生活の様子を撮影したスライドを上映しております。

文化祭「受験相談コーナー」

10月3日(土) 10:00～
10月4日(日) 10:00～
※文化祭は9時00分～

人間形成と大学進学、
思いやりのある人を育む場所

城北学園では様々な行事や活発なクラブ活動を通じて、社会を支え、社会を導くリーダーとして活躍する、思いやりのある人間を育てています。

また、「大学進学」については、生徒の発達段階に応じたきめ細かい三期指導体制と、生徒の自主性や意欲を喚起する独自のカリキュラムによって、「生徒を伸ばす学校」という高い評価をいただいています。広いキャンパス、緑豊かな恵まれた環境で、充実した学園生活を送ってみませんか。

平成28年度 城北高等学校 入試の概要

推薦入試

募集人員	普通科　男子 約20名
試験日	平成28年1月22日(金) 午前8:00集合
出願受付	直接持参に限る 1月15日(金) 9時～16時 1月16日(土) 9時～16時
選抜方法	調査書 適性検査(英語・国語・数学のテスト) 面接
合格発表	1月23日(土) 10時 (インターネットおよび校内掲示) 手続き締め切り時間まで掲示します。
入学手続	1月23日(土) 10時から16時 1月24日(日)　9時から13時

一般入試

募集人員	普通科　男子 約65名
試験日	平成28年2月11日(木) 午前8:40集合
出願受付	郵送による受付に限ります 1月25日(月)～2月7日(日) 必着
選抜方法	学力試験(英語・国語・数学のテスト) 調査書(参考)
合格発表	2月12日(金) 10時 (インターネットおよび校内掲示) 手続き締め切り時間まで掲示します。
入学手続	2月12日(金)、13日(土)、14(日)、15日(月) それぞれ9時から16時(延納制度有り)

城北中学校・高等学校

〒174-8711 東京都板橋区東新町 2-28-1　TEL 03-3956-3157　FAX 03-3956-9779

ACCESS　■東武東上線「上板橋」南口 徒歩10分　■東京メトロ有楽町線・副都心線「小竹向原」徒歩20分

www.johoku.ac.jp

高校受験
あと100日の過ごし方

２学期もスタートし、いよいよ中学３年生のみなさんにとって
大切な高校受験が近づいてきました。
勉強方法や日々の過ごし方について、「これでいいのかな」「どうすればいいだろう」と
不安に感じている人もいるのではないでしょうか。
そんな人のための「あと１００日の過ごし方」をご紹介します。

生活編

「まだ100日ある」と考えよう

「受験の天王山」とも言われる夏休みが終わり、10月に入りました。

みなさんのなかには、夏休みにうまく勉強が進まなかったという人や、夏までは部活動があったので、本腰を入れられるのはこれから、ということで焦りを感じていたり、どうすればいいのだろうと悩む人もいることでしょう。

高校受験まで100日（受験する学校によってはそうではない人もいますが）というこれからの時期は、「あと100日しかない」ととらえると不安に思えますが、「まだ100日ある」と考えれば、できることはたくさんあります。

受験勉強には焦りがつきものです。焦ってはいけないと思っていても、日が経つにつれ、その気持ちは募り、さらにプレッシャーを感じてしまうという悪循環に入ってしまうこともあるでしょう。

そうならないために有効なのが、あと100日を計画的に過ごすこと、そして、計画を立てるためにやるべきことを整理することです。

暑かった夏も終わり、これからは秋、冬と寒い季節がやってきます。体調管理にも気を配りつつ、今日から試験当日まで、生活面、勉強面ともにやれることをやりきって、前向きな気持ちで試験会場へと向かえるようにしたいものです。

いまから本番に備えて朝型に切り替えよう

初めに生活面から見ていきましょう。

冬休みまでの間は学校がありますから、日中の生活のリズムはある程度決まっていますが、寝る時間、起きる時間はどうでしょうか。

学校が終わったあと、塾に通っている人は、どうしても帰宅が遅くなりがちです。それから食事をしたりお風呂に入ったりしたあとに、夜遅くまで勉強をしている人もいることでしょう。

頑張って勉強をすること自体は悪いことではありません。しかし、この時期からは、少しずつでもいいので朝型に変えていきましょう。

朝型に変えた方がいい理由は2つあります。

1つ目は、「ちょっとでも勉強時間を確保しないと」という思いで、眠気をこらえながら夜中まで勉強す

るよりも、30分早く寝て、いつもより30分早く起きたぶんを勉強にあてた方が効率がいいからです。

2つ目は、入試は午前中から行われることが大半だからです。脳は、朝起きてから2～3時間はよく働かないといわれており、実力をしっかりと発揮できるようにするためにも、夜遅く、朝もギリギリという生活は改善した方がいいでしょう。

ただし、とにかく早く寝て早く起きればいいというわけではありません。人にはそれぞれ最適な睡眠時間があります。8時間寝なければという人もいれば、6時間でもぐっすり眠れて、爽快に起きられる人もいるのです。ですから、まずは自分はどれぐらい睡眠をとるのがいいのかを、身体と相談しながら探ってみるのもいいかもしれません。

受験生にもリフレッシュは必要

受験勉強に前向きに取り組んでいたとしても、ときにはストレスがたまることもあるでしょう。受験生といえど、そんなときは、目先を変えてみたり、勉強に支障のない範囲で息抜きすることが必要です。

例えば勉強の仕方自体を工夫するのもいいでしょう。友だちとゲーム感覚で競いあいながら問題を解いたり、暗記に取り組んだりすると、1人で机に向かっているよりも楽しくできます。

自分の学力が本当に伸びているのか、不安になりがちな時期ですが、これまで解けなかった問題が1問解けるようになっただけでも、そういった不安は軽くなります。過去の自分でも友だちでも、ライバル意識を持つことで、これまでとは違う気持ちで受験勉強に臨めるかもしれません。

とはいえ、やはり勉強ばかりでは息が詰まるものです。とくに休日など、長く勉強時間をとれるときほど、メリハリをしっかりとつけて、自分に合った方法でリフレッシュしましょう。

受験する学校には事前に足を運ぼう

リフレッシュの一環として、志望校見学に出かけてみるのもいいかもしれません。

第1志望や併願校がすでに決まっている人も、そうでない人もいるかと思いますが、受験を決めている学校、またはその可能性がある学校にはできるだけ事前に足を運んでおくようにしましょう。

第1志望は言うまでもありませんが、併願校であっても、試験当日が初めてその学校に足を踏み入れた日、ということは避けたいところです。

秋になっても、多くの学校が学校説明会などを実施しています。志望校を迷っている人ほど、候補校のそういったイベントに参加してみてください。その時間を勉強にあてたいという気持ちもあるかもしれませんが、やはり実際に行ってみないとわからないことはあるものです。

これまで編集部で取材をした高校生のなかにも、学校説明会や文化祭などに行ったことが受験の決め手になったという人が多くいました。自分の目で確かめて決めた学校であれば、たとえ惜しくも第1志望校に合格できなかったとしても、併願校に前向きな気持ちで入学できます。実際に訪れたことが受験勉強のさらなるモチベーションになるという効果もあります。

また、試験日当日が初めて、となると、駅での乗り換えや出口を間違えた、道に迷ってしまった、通勤ラッシュと重なって予定時刻に着かない、といったトラブルも予想されます。事前に確認しておくことでそうしたトラブルを未然に防ぐこともできます。

体調管理はしっかりと手洗い、うがいは必須

そして、これからの時期、気をつけなければならないのが体調管理です。志望校合格に十分な学力が備わっていても、試験当日に体調不良では、持っている力を存分に発揮することはできません。

入試本番が近づけば近づくほど、気温は下がり、風邪やインフルエンザをひきやすい時期になっていきます。10月や11月に風邪をひいても、本番には関係ないと思うかもしれませんが、そのぶん、勉強できる時間は減ってしまうのですから、やはり予防できるものはしておくにこしたことはありません。外から帰ってきたら手洗い、うがいを必ずするようにしましょう。合わせて、睡眠時間の確保、栄養バランスのとれた食事もとるようにすれば、簡単には体調を崩さなくなります。

普段の生活も、試験日当日のためにこれから準備しておくことで、本番で本来の力を発揮できる可能性がより高まることでしょう。

勉強編

冬休みまでに得意・不得意の整理を

ここからは勉強面について見ていきます。まずは冬休みまでの期間にすべきことを考えてみましょう。

ここまで順調に勉強が進んでいて、模擬試験（模試）の成績も好調という人は、体調管理などに気をつけながら、いまの調子を維持してください。そうではない人にとっては、各教科で、なにができていて、なにができていないかを整理するところから始める必要があります。

効果的なのが模試の復習と過去問題（過去問）演習です。

模試はさまざまな分野・単元から出題されます。そして、後日返ってくる「帳票」を見ることで、自分がどの分野・単元で点が取れているのか、もしくは取れていないのかがわかるようになっています。

これまでは模試を受けたあと、合否判定や点数の確認だけで終わっていた人は、ぜひ復習をし、帳票を分析するようにしましょう。現時点での弱点を自分で把握できていれば、そこからなにをするべきかが整理しやすくなります。

また、過去問演習も非常に大切です。志望校の過去問を解くことで、難易度はもちろんですが、その学校の出題傾向がわかってきます。加えて、模試同様に、自分の得手不得手も見えてきます。

「苦手だからムリ」の意識を変えよう

模試や過去問演習を通して見えてきた得意不得意のうち、得意分野・単元については、定期的に演習を行いながら伸ばしていけば大丈夫です。

そして、不得意な分野・単元についての苦手意識を、冬休みまでの期間に少しずつなくしていきましょう。

点数が伸びない、暗記が苦手、中1の段階でつまずいたから…。苦手と感じる原因は色々と考えられますが、最大のネックは「自分はこの分野・単元が苦手だ」と思い込んでいることにあります。そのために、少しうまくいかないと、受験本番が近づいている焦りと合わせて、ますますやる気が出なくなります。

冬休みに入るまでは、学校があります。塾にも通っている人は学校と塾の合間の時間などを有効に活用しながら、模試の復習・過去問演習を通した得意・不得意の整理をして、冬休みからのラストスパートに備えましょう。

ここで各教科の苦手克服法をご紹介します。

国語

国語が苦手な人は、まずはあまりレベルが高くない問題集から手をつけましょう。そして、苦手意識があると国語の過去問はなかなか手をつける気にならないという人も多いかと思いますが、率先して挑戦して、数を多くこなしていくことで長文を読むことへの免疫をつけていきましょう。

なかでも古文は苦手になりやすい分野です。古文が出題される学校を受験する場合は、問題になるポイントは絞られているので（例えば助動詞の識別や係り結びの法則など）、過去問演習で慣れていきましょう。

数学

数学の入試問題は、基本的に加点法の科目です。例えば、計算問題のミスをなくしたり、ある大問すべては解けなくても、そのなかの1問目ができれば、着実に点数を増やしていくことができます。

入試において、満点を取る必要はありませんから、苦手意識がある人はなおさら、ムリに各単元の難問を解けるまで頑張る、ということではなく、計算問題でよく出るものを取りこぼさず、各単元の基本的な部分を押さえることを意識しましょう。

英語

まずは不得意分野・単元についての簡単な問題集を解いてみましょう。簡単なところから始めることで、理解がしやすくなります。

苦手になりやすいのが長文読解やリスニングです。

長文読解が苦手な人は、志望校のレベルに見合った単語力が身についていない場合が多く見られます。わからないところを前後の文脈で補いながら、全体の文脈がわかるようになるところまで持っていけるだけの単語力は必要になります。

リスニングができない人の典型的な例としては、正しい単語の発音ができていないということがあります。極端にいうと、「ｔａｂｌｅ」を「タブレ」とローマ字読みで覚えているようなパターンです。

これではネイティブスピーカーが話しているのを理解するのは難しいでしょう。聞き取れないな、と感じている人は、まず単語の発音を自分がきちんと覚えているかということから確認してみましょう。

社会

社会に対して苦手意識を持っている人は、基礎的な知識の不足が一番の原因ではないでしょうか。まずは一問一答式の問題集で、基礎知識を徹底的に身につけるところから始めましょう。

単純な暗記が苦手、という人の場合は、知識をそれぞれ結びつけながら覚えてみましょう。例えば歴史であれば、年号と出来事・人物を漫然と順番に覚えていくのではなく、それぞれのつながりまで考えると、記憶しやすくなります。

そして、社会の3つの分野、地理・歴史・公民のなかで、一問一答式の問題が一番少ない地理は、苦手とされがちな分野です。地図や統計を読み解かないといけないことが多いのですが、これは数をこなすしかありません。過去問の解説などを読みながら、根気強く続けましょう。

理科

社会同様に、まずは基礎的な知識を一問一答式の問題集などを使ってしっかりと身につけることが大事です。とくに物理分野が苦手な人は、まずはオーソドックスな問題をたくさんこなして理解を深めましょう。

理科と社会は国・数・英に比べてあと回しにしてしまいがちですが、必要な人はこの2教科にも時間をとりましょう。

冬休みに入ると、周りも受験に向かって一直線、という雰囲気になり、ここからは過去問演習の割合がいっそう大きくなります。そうしたなかでも、暗記ものや知識問題はやればやるほど得点に直結しますから、少しずつでも取り組み続けるようにしましょう。

過去問演習のコツ

塾で過去問演習を行う場合は、さまざまな形がありますので一概には言えませんが、自習での過去問演習の際に気をつけるポイントは、以下のように4つあります。

1 時間は正確に計る

過去問を解くときには、できるだけ実際の試験時間と同じ制限時間で行いましょう。単に問題を解くだけでは問題集と変わりません。本当の試験のような気持ちで臨むことで、制限時間内に解ければそれでよし、解けなくても、いまの段階ではどれぐらい時間が足りないのかがわかるからです。

最初は解ききれないことが多く、焦りを覚えるかもしれません。しかし、繰り返すことで必ず時間は縮まりますし、時間配分もおのずと身についてきます。

2 スタートしたら最後まで

1とも関連することですが、ある教科の過去問演習を始めたら、最後までやり通すことが肝心です。実際の試験時間が50分だとしたら、できる限り試験本番と同じ条件で演習するためにも、途中で休む、音楽を聞きながら、といったことはせず、最後まで一気に頑張りましょう。

3 諦める決断も大事

過去問に取り組むと、難しくて解けない問題が出てくることもあります。時間に余裕があるときは、そうした問題にも最後までトライしましょう。試験当日も、難問に直面することはありえるからです。

一方で、解けない問題にこだわりすぎて時間がなくなってしまうこともあるので、過去問演習では、難問にどこまで挑戦して、どこで諦めるべきか、といった時間配分も学ぶことができます。

4 採点、復習はきちんと

一番大切なのが、解き終わったあとです。

まず採点は、きっちりと行いましょう。よくあるのが、数学の計算問題や英語の単語問題などで、ケアレスミスで間違ったものを、「わかっていたから」と正解にしてしまう、といったことです。こうしたことを繰り返していると、いつまでたってもケアレスミスはなくなりません。

ケアレスミスに効果的なのが2色採点です。採点をするときに2色のペンを用意して、解答通りの採点と、ケアレスミスがなかった場合の採点をそれぞれの色で採点してみると、その得点差がよくわかります。これを続けることで、ケアレスミスをなくすことへの意識が高まります。

また、記述問題を甘く採点してしまう、ということもあります。解説を見たり、塾や学校の先生に聞いたりして、できるだけ甘い採点にならないようにしましょう。

そして、復習です。本番が近づいてくればくるほど、たくさんの過去問を解き、採点し、復習までするのは大変になってきます。だからといって解いたままにしておくのはよくありません。

効率的に復習するために、まずは解答・解説をきちんと読んで理解しましょう。数学はその解答・解説に沿って問題を解き直してみます。

次に、間違った理由の分析です。ケアレスミス、知識が足りなかった、勘違いだった、現時点で刃が立たなかった…など、理由がわかれば、対策もとりやすくなります。

復習やまとめのノートを作るという方法もありますが、作るのに時間がかかり、さらに作ること自体に熱中してしまう人もいますので、注意が必要です。

まとめ

生活の面でも、勉強の面でも、まだ時間はあるという認識を持って、やるべきことを整理して、あと100日を有効活用しましょう。

active learning
知る・探る・究める
栄東のアクティブ・ラーニング!!!
Active Learning
◆海外ALinアメリカ
ボストンのミルトンハイスクールでディベート&ディスカッション!!
◆海外ALinオーストラリア
シドニーのセントアイビスハイスクールで書道!!
◆古都ALin京都・奈良
京都大学の留学生に英語でガイド!!
◆海外ALinイギリス(イートン)
名門イートンカレッジサマースクール!!
◆校外ALin三宅島
千葉大学の教授と三宅島の巡検から学ぶ火山学!!
文部科学省SPP指定校
◆アーチェリー
全国大会優勝!!国体も出場!!
ナショナルチームに2名選抜!!
◆箏曲
邦楽祭(県大会)で金賞!!
尺八、三味線、着物の着付けも!!
◆鉄道研究
全国鉄道コンテストで入賞!!
(校舎横にはJRの操車場)
◆サッカー
首都圏大会で見事優勝!!
(県予選)
顧問は東京大学サッカー部出身!!!
◆チアダンス
USA Regional 大会に出場!!
ALL JAPAN CHEER DANCE 大会に出場!!!
◆クイズ研究
高校生クイズ全国大会出場!!!
決勝でハワイ、ハリウッドへ!!
◆茶道
瑞想庵(茶室)で表千家を学ぶ!!
◆水泳
温水プールで全国大会第2位!!
日本選手権出場!!
(50mバタフライ)
◆コーラス
全国大会金賞!!文部科学大臣賞!!!
Tokyo Disney Sea で演奏
栄東中学・高等学校
〒337-0054 埼玉県さいたま市見沼区砂町2-77(JR東大宮駅西口 徒歩8分) ◆アドミッションセンター TEL:048-666-9200

サクセス編集部セレクション

シャーペン・ザ・ベスト10

勉強時の花形文房具、シャープペンシルの世界へようこそ。今回の特集では、機能的かつ個性的なたくさんのシャーペンのなかから、編集部選りすぐりの10本を紹介するよ。みんなのお気に入りは入っているかな？

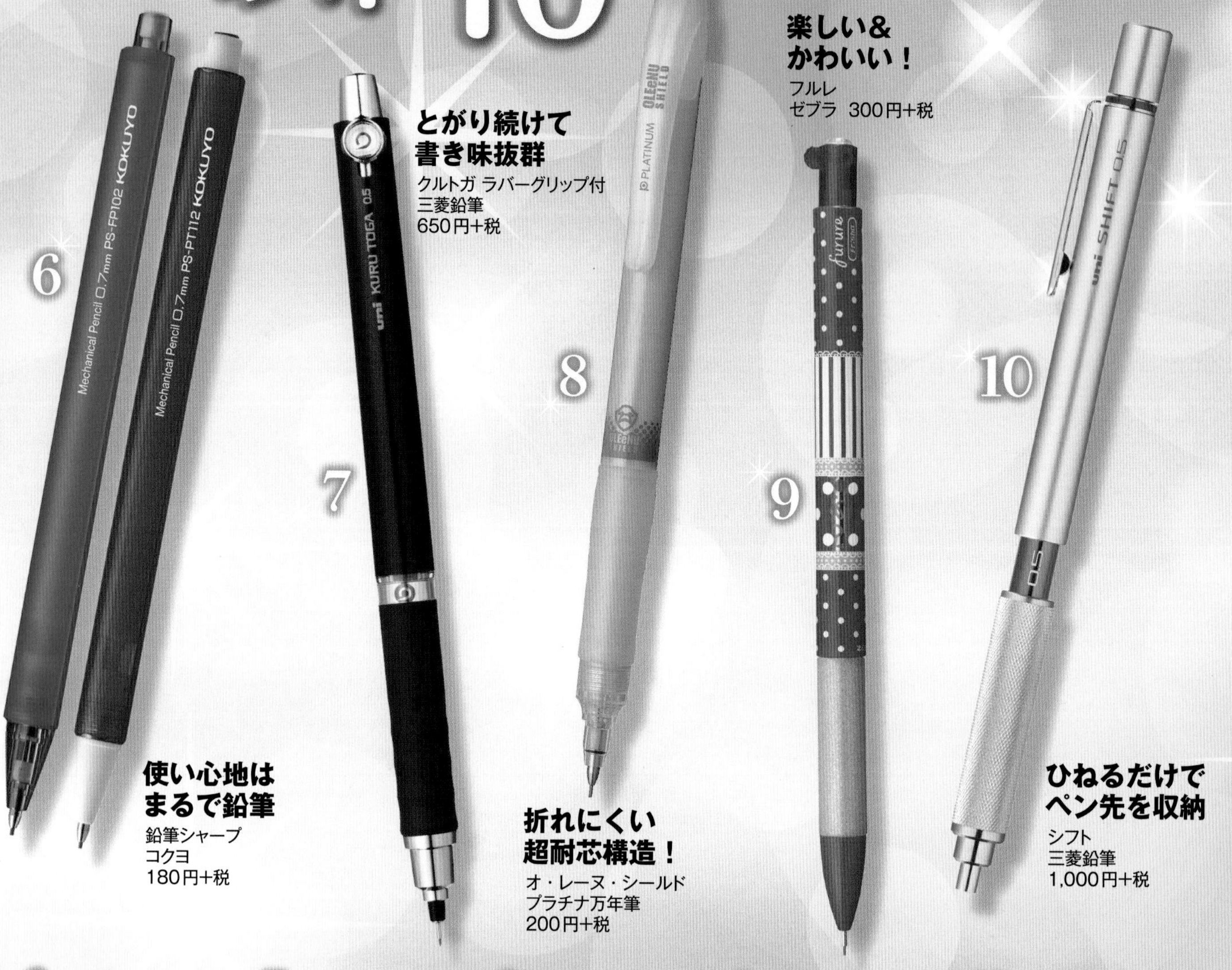

使い心地はまるで鉛筆
鉛筆シャープ
コクヨ
180円+税

とがり続けて書き味抜群
クルトガ ラバーグリップ付
三菱鉛筆
650円+税

折れにくい超耐芯構造！
オ・レーヌ・シールド
プラチナ万年筆
200円+税

楽しい&かわいい！
フルレ
ゼブラ　300円+税

ひねるだけでペン先を収納
シフト
三菱鉛筆
1,000円+税

6 鉛筆シャープ

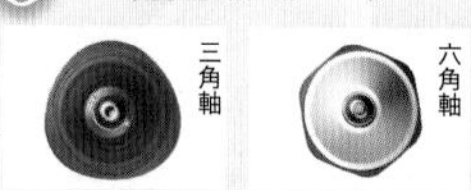

鉛筆のようなさらさらとした書き心地のシャーペン。0.7㎜と少し太めの芯だから折れにくくはっきりした文字が書ける。まるで鉛筆のようなのに削らずに使えるから嬉しい。軸の形状は三角と六角の２種類。三角軸は柔らかい樹脂がコーティングされていて指にフィット、六角軸は鉛筆のような形状で握りやすく、どちらも手が疲れにくい。0.9㎜と1.3㎜もあるよ。

🎁 0.7㎜三角軸3名 六角軸3名

7 クルトガ ラバーグリップ付

長い時間書いていても、芯がとがり続けるクルトガ。芯先に特徴があって、筆圧を利用して芯を少しずつ回転させるクルトガエンジンが搭載されているんだ。回転することによって、芯が円錐状に削られていくから、つねにとがった状態をキープできるというわけ。書いた文字の線が太くなってしまうこともないし、芯の粉も出にくいからきれいなノートがとれるよ。手になじむラバーグリップつきで握り心地も抜群だ。

🎁 1名

8 オ・レーヌ・シールド

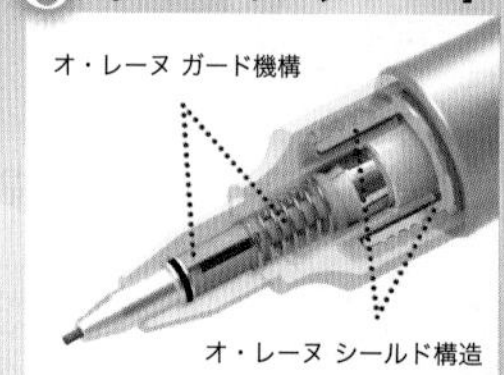

筆圧の強い人にぴったりなのが、芯の折れにくいシャーペンとして人気のオ・レーヌ・シールド。耐芯構造「オ・レーヌ機構」に加え、二重構造のペン先カバー「オ・レーヌ・シールド構造」を搭載し、これまでの商品と比べ耐芯強度が50％アップ。芯折れのストレスなく文字を書ける。

🎁 10名

9 フルレ

「振る」が語源の「フルレ」は、振ると芯が出るだけでなく、中央の小窓から見える星やハートの絵が変わる楽しいシャーペン。振って芯を出すタイプのシャーペンではNo. 1のスリムさ※（9.2mm）なので手が小さい人も使いやすい。女子に楽しく勉強してもらおうと開発されたため、ラメ入りのグリップ、アクセサリー仕様のノック部など、細部までかわいらしさを追求している。色はドット柄３色、シンプルな白ベース３色の６色展開だ。（※国内ゼブラ調べ）

🎁 12名

10 シフト

シフトの特徴は使わないときにペン先を収納できること。とがっているペン先をしまうことで安全に持ち運ぶことができる。収納方法は軸をひねるだけと簡単だ。同時に、芯が勝手に出ることを防ぐノックロック機構も働くから、いつのまにか芯が出ていてペンケースを汚してしまった、なんてことも防ぐ。ペン先のパイプが少し長めだから書いている文字が見やすく、重心が本体の先端方向にあることで安定して書けるのも嬉しい。

（ マークがある商品を抽選でプレゼントします。ご希望の方は、①希望する商品の名称②住所③氏名④年齢⑤『サクセス15』を読んでのご意見ご感想を明記のうえ、右記のあて先までハガキ、メール、FAXにてご応募ください。色は選べません。

〒101-0047東京都千代田区内神田2-4-2 グローバル教育出版 文房具特集プレゼント係
email success15@g-ap.com FAX 03-5939-6014
※応募締切11月15日（必着）。当選者の発表は商品の発送をもってかえさせていただきます。）

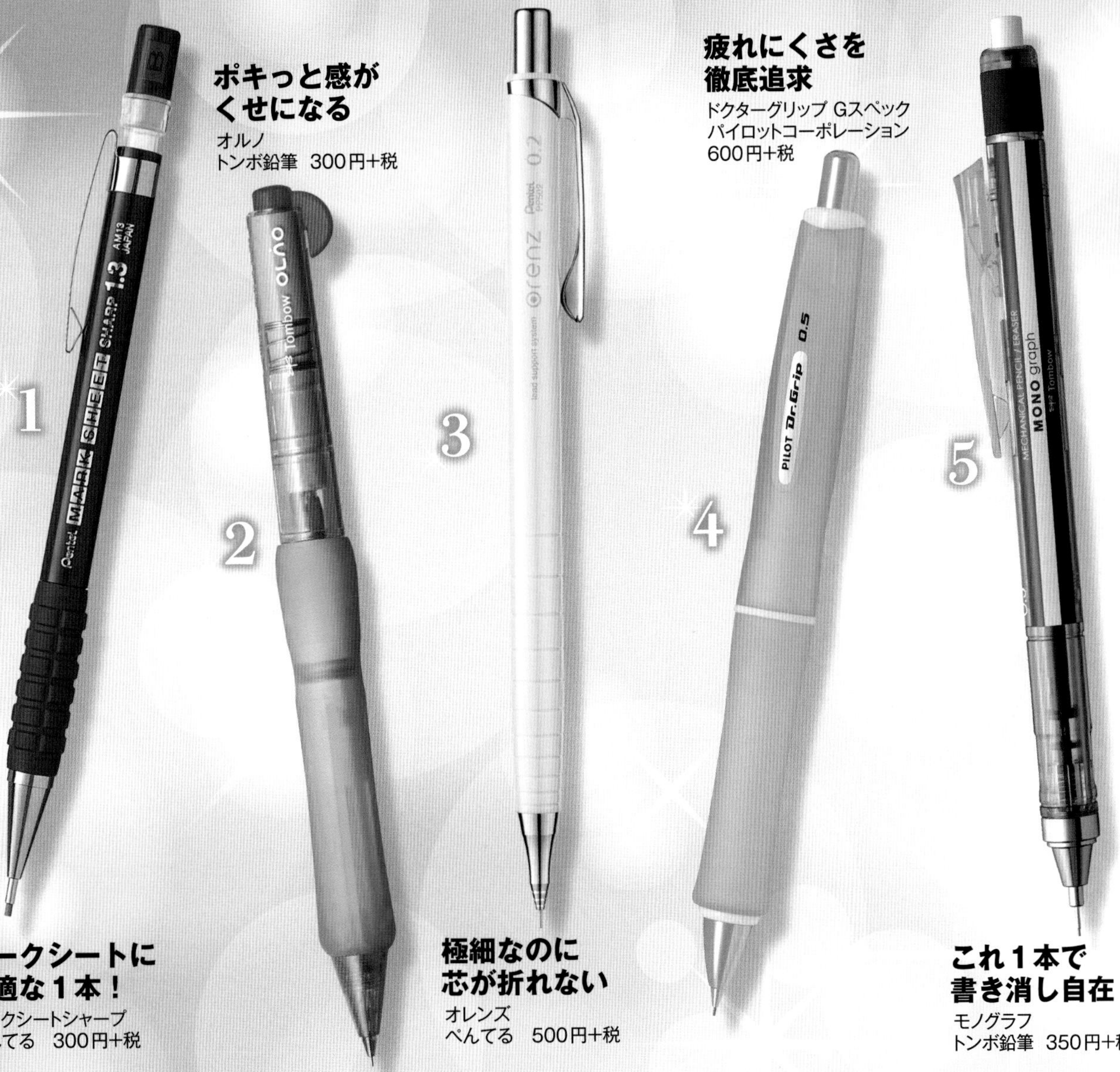

ポキっと感がくせになる
オルノ
トンボ鉛筆 300円+税

疲れにくさを徹底追求
ドクターグリップ Gスペック
パイロットコーポレーション
600円+税

マークシートに最適な１本！
マークシートシャープ
ぺんてる 300円+税

極細なのに芯が折れない
オレンズ
ぺんてる 500円+税

これ１本で書き消し自在！
モノグラフ
トンボ鉛筆 350円+税

1 マークシートシャープ

模擬試験や英語検定の受験をはじめ、来年度入試（2016年度）からは都立高校入試でも導入が決まるなど、マークシート方式の試験を受ける機会は多い。そんなとき、マーク部分の塗りつぶしに最適なのが、このマークシートシャープだ。特長は、その芯の太さ。1.3mmと太く、簡単にマークを塗りつぶすことができる。また、シャーペンなので、鉛筆のように、使うにつれて芯の太さが変わることもなく、芯を削る必要がないのも便利だね。

2 オルノ

シャーペンの芯は普通、本体上部を押すと出てくるよね。でもこの「オルノ」は、なんと本体の中心部をポキッと折ると芯が出てくる不思議なシャーペンなんだ。この方式はボディノック式と呼ばれていて、わざわざペンを持ち変えずに芯を出せてラクチンでもある。

本体色は全８種とバリエーション豊富で、どれもカラフルなツートンカラー。シンプル好きなキミには、高級感漂うオルノの上級モデル「オルノスイフト」もおすすめ。

3 オレンズ

教科書やノートのちょっとした余白に文字を書くことはよくある。「細い線のシャーペンで細かく書きたいけど、芯が細いと折れやすくて困る」という人に使ってほしいのがこちら。秘密は、シャーペンの先端にあるパイプから芯を出さずに書ける構造。パイプの先端はとてもなめらかなので、芯が出ていなくても紙面にひっかからずに書くことができるうえに、芯がパイプに守られているので折れにくいんだ。0.2mmと0.3mmがあるよ。

0.2㎜5名

4 ドクターグリップ Gスペック

人間工学の実験データに基づいて開発されたドクターグリップシリーズ。その特徴はなんといっても動かしやすく疲れにくいということ。Gスペックでは、本体の両端を軽くして重心を中央部におくことで、さらに軽い力で動かせるようになっているんだ。そしてグリップ部分には硬さの違うシリコンラバーが２つ重ねられているから、柔らかさと安定感があって手によくなじむ。本体を振るだけで芯が出てくるフレフレ機構も便利だよ。

5名

5 モノグラフ

青・白・黒のトリコロールカラーで有名なMONO消しゴム。愛用している人も多いのでは？ そんな消しやすさ抜群のMONOがシャーペンと合体した「モノグラフ」は、本体上部に回転繰り出し式のMONO消しゴムを搭載し、「書く」だけじゃなく「消す」にもこだわった１本。芯の細さは0.3mmと0.5mmの２種類で、本体を上下に振ると芯が出る「フレノック」やフレノックを固定して筆箱内での誤ノックを防止する「フレロック」などの機能も魅力的。

0.5㎜5名

帝京《ていきょう》高等学校

特進コース「勉強に打ち込む、ひたむきに打ち込む」

〒173-8555
東京都板橋区稲荷台27-1
Tel.03-3963-4711

〈学校説明会日程〉
10月25日（日）11：00〜
11月22日（日）11：00〜
11月28日（土）13：30〜
12月 5日（土）13：30〜

独立したコースとして新たなスタート

３年前、「文理コース特進クラス」として出発した帝京の特進ですが、今年３期生を迎え、「特進コース」としてさらなる飛躍のためのスタートを切っています。このコースは国公立、早慶上智、ＭＡＲＣＨに、全員が一般受験で現役合格することを目標に置いており、その目標をかなえるために、「評定の５ではなく、模擬試験でＡ判定を取る」という認識を、生徒も教員も共有しているところに大きな特徴があります。

目標とする大学のＡ判定を取るために、授業時間は最大限に確保されています。週に40時間、これは平日7時間、土曜日４時間に加えて、週に1日は8時間授業が入るということであり、これだけの授業時間があるからこそ、基礎から応用まで丁寧に授業を展開し、問題演習の時間をふんだんにとることができます。そして高校1年と2年で高校課程の学習をすべて終了させ、高校３年は徹底した受験対策授業を行うことになります。

また、もう1つの特徴として「勉強を生徒任せにするのではなく、教員がレールを敷く」ということも挙げられます。長期休暇中も補習ではなく授業を継続し、勉強をしない時期を作らないということも、その1つです。夏休みには30日、毎日6時間、トータルで1８０時間の授業を実施しています。また、語彙《ごい》力をつけるための毎日の小テストだけでなく、主要教科では1週間、1ヶ月、1学期、1年という幅の中での振り返り学習を求め、それをテストによって確認し、点数がふるわない生徒については追試験を繰り返すなど、徹底した反復学習によって知識の定着を図ることも行っています。

成績の飛躍的な伸びが実感できる

生徒にも「勉強に打ち込む、ひたむきに打ち込む」ことを求め、教員もその熱意に応えるべく密度の濃い授業を展開している特進コースですが、それは生徒の成績の伸長に顕著に表れています。

特進コースでは河合塾模試を校内で実施していますが、高校1年生の４月から高校2年生の４月にかけて、たった1年間で平均偏差値は英語で7ポイント、数学で９ポイントのアップを見せています。また、偏差値の55という数字は、将来的にＭＡＲＣＨは十分に合格可能圏内というバロメーターになるものですが、これも1年間で半数近くがこの偏差値に達しており、学年が上がるに連れて、さらにこの人数が増えていくという結果につながっています。

現在、高校３年生となる1期生は受験に向けてラストスパートをきっていますが、入試広報部長の上瀧栄治先生は次のように語っています。

「３年間の学習を実力や自信に結び付けている生徒が多いことを嬉しく思っています。例えば文系のある生徒は英語、数学、政治経済で偏差値70以上をキープし、国語でも65以上を維持しています。この生徒は、上智大学、明治大学、立教大学、青山学院大学で合格可能性のＡ判定、早稲田大学の国際教養学部でもB判定を出しています。また、別の理系の生徒ですが、この生徒はとても数学が好きで、入学当初から数学に対して旺盛な学習意欲を示してきました。現在、数学の偏差値は88に到達しています。この生徒は東京工業大学、千葉大学、東京学芸大学などでA判定を出しています。十分に東京大学を狙える成績なので、担任としては東京大学の受験を勧めているようですが、本人が強く東京工業大学への進学を希望しているという経緯があります。このように楽しみな生徒が何人もいるので、1期生の合格実績には十分に期待を持っています。」

　特進コースでは1年次には国数英を重点的に学習させて、2年次になると文系理系に分かれ、理科と地歴公民にも力を入れていくというカリキュラムになっていますが、この選択科目についても、ある生徒は2年次の1月から3年次の5月にかけて物理の偏差値が23アップ、別のある生徒は日本史の成績が14アップするなど、徹底した問題演習で成果を出しています。

　特進コースの生徒は平均して家庭で平日は3時間、休日は5時間の学習を行っています。それに加えて、小テストを通じての知識の定着、定期的なテストを通じての確認、中間・期末考査での練習、そして模擬試験で達成度を実感するというサイクルを何度も何度も繰り返すことで、段階的に頑張れる環境になっています。

　それについて、特進コース全学年の数学を担当している山崎辰也先生は次のように語っています。

「特進コースには、クラスが一丸となって頑張っていこうとする雰囲気があり、それが実力だけでなく、自信や達成感、充実感などにつながっています。授業の中では毎回小テストを行っているのですが、結構難しい問題を出しています。それで不合格だった生徒が繰り返し繰り返しやってきて、追試を受けて合格していく、そのひたむきに頑張る姿を見ることができるのは教員冥利に尽きると思っています。」

特進コース成績状況
国公立・早慶上智・MARCHを圏内に

▶成績上位の生徒の一例（現高校３年生）

文系

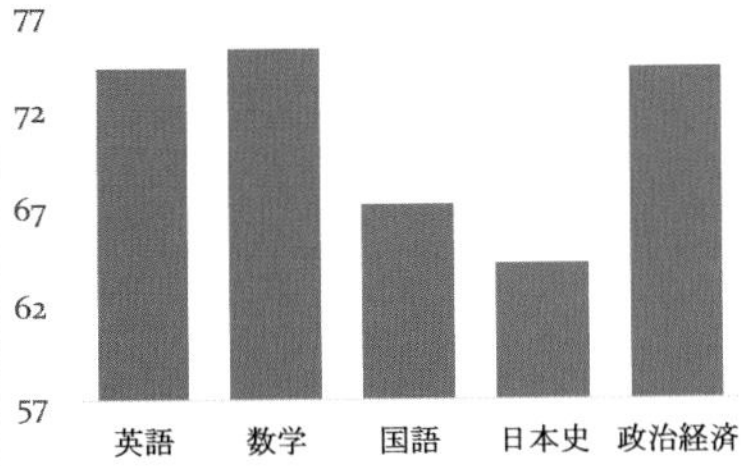

上智大(文)・明治大(文)・立教(文)
青山学院大(文)・他にてA判定
早稲田大(国際教養)でB判定も！

理系

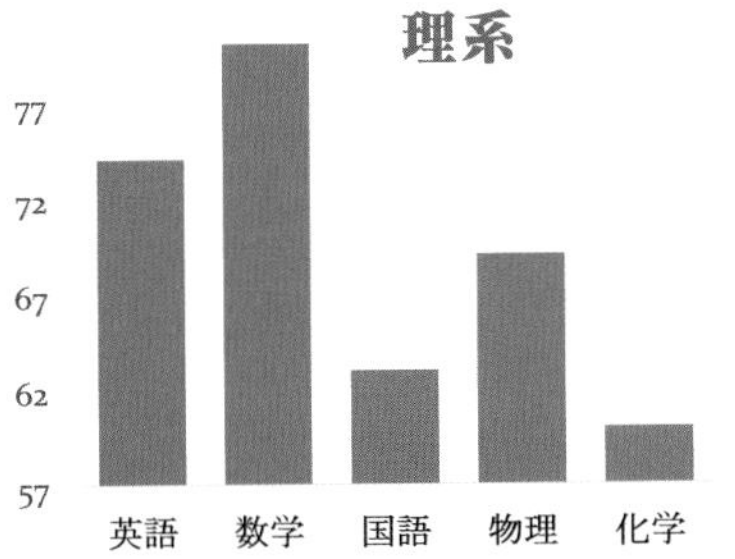

東京工業大(第５類)・千葉大(理)
・東京学芸大（教育）にて
A判定

充実した特待生制度

　この特進コースには独自の特待生制度があり、中学の成績が定められた基準に到達していれば、特待生を担保して他校との併願受験ができるようになっています。

「毎年、都内では新宿、三田、竹早、埼玉では浦和西、蕨、川口北などを受験する生徒が、この制度を活用してくれています。最後まで第一志望校に合格するための努力を継続し、もしもそれがかなわなかったら、特待生として特進コースの仲間に加わってほしいと思っています。ただ、今年は都立の第一志望校に合格したにも関わらず、塾や予備校に通わずに目標大学合格が可能な点に魅力を感じて、本校の特進コースを選んでくれた生徒がいました。これは嬉しい限りです。」

（入試広報部長　上瀧栄治先生）

■平成27年度入試 特待資格生徒

受験生のうち
78%が
特待資格を
得ました！

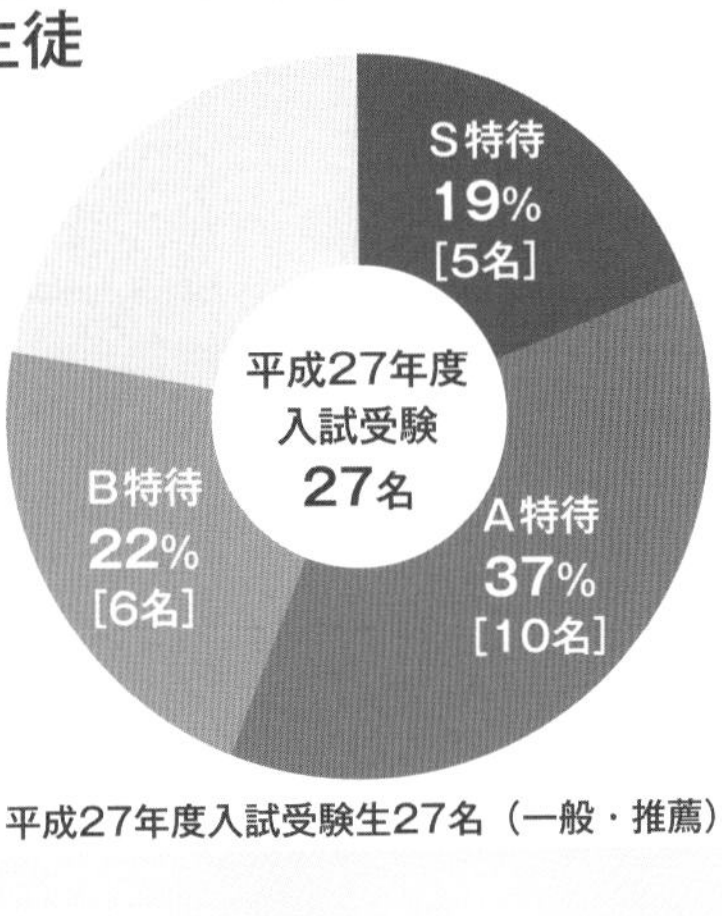

平成27年度入試受験生27名（一般・推薦）

特待生制度

●特進コースを対象にした特待生制度には、次のような特徴があります。

①人数制限を設けていません。
それぞれの成績基準に達したすべての生徒に適用されます。

②S特待以外は中学校の成績で判断します。
そのため、特待生を担保して入試に臨むことができます。

B特待	中学３年の１学期または２学期の成績で判断します 授業料免除、入学金の半額を免除
A特待	中学３年の１学期または２学期の成績で判断します 授業料免除、入学金の全額を免除
S特待	中学３年の１学期または２学期の成績、かつ推薦入試、一般入試の得点で総合的に判断します 授業料免除、入学金の全額を免除、施設費（年度払い）を免除 維持費（月払い）を免除

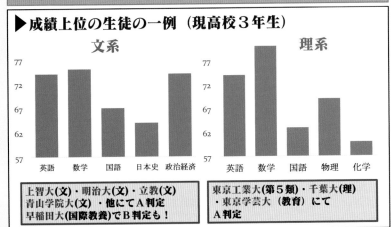

TOKYO METROPOLITAN KUNITACHI SENIOR HIGH SCHOOL

東京都立国立高等学校

東京都　国立市　共学校

清く、正しく、朗らかに　青春を謳歌する文武両道の校風

進学指導重点校に指定されている東京都立国立高等学校は、文武両道の学校として有名です。生徒は、学業だけでなく、学校行事や部活動など、何事にも全力で取り組み、充実した高校生活を送っています。合言葉の「全部やる、みんなでやる」が実践され、躍動感があり魅力あふれる学校です。

岸田《きしだ》 裕二《ゆうじ》 校長先生

創立75年を迎えた文武両道の進学校

東京都立国立高等学校（以下、国立高）は、近隣に一橋大を有する国立市の文教地区にあります。大学通りの並木道に面した静かな場所に立地するキャンパスは、四季の移ろいも感じられる抜群の学習環境と言えます。国立高の歴史は、１９４０年（昭和15年）に東京府立第十九中学校として創立されたのが始まりです。２度の校名変更を経て、１９４８年（昭和23年）の学制改革により現在の校名へ改称されました。２００４年（平成16年度）からは進学指

導重点校に指定され、現時点では、2017年度（平成29年度）まで継続されることが決まっています。

校訓は「清く、正しく、朗らかに」で、自由闊達《かったつ》な校風のなか、文武両道の理念実現がめざされています。

教育目標には、「Ⅰ、自主性を持ち、責任を重んずる人となる Ⅱ、明朗な気風を養い、個性と創造力豊かな人となる Ⅲ、社会に貢献し、困難・苦難に耐え得る人となる」の3つが掲げられています。

岸田裕二校長先生は「さらに、合言葉として『全部やる！ みんなでやる！』があります。これは、1人ひとりの生徒が、勉強・部活動・学校行事のどれか1つではなく、全部やること、そしてそれを全員が実行することを意味しています。『みんなでやる！』の『で』の文字が小さい理由は、『みんな』の部分を強調しているからです。つまり『みんな』とは『全員』と『全部』の2つ意味があります。みんなで切磋琢磨しながら取り組むことを目標にしています」と説明されました。

2学期制スケジュールで勉強も行事も全力投球

国立高では2学期制が導入されています。4～10月が前期、11～3月が後期です。特徴は前期に学校行事が集中していることです。

「本校では4月に始業式、入学式、修学旅行、新入生歓迎会、第九演奏会、5月に校外学習・遠足、クラスマッチが行われます。行事が続くため、最初の定期考査を6月に実施しています。夏休みが終わると9月に国高祭（文化祭・体育祭・後夜祭）があり、10月に定期考査を行います。大きな行事はこれで一区切りし、勉強にスイッチを切り替えて集中していきます。」（岸田校長先生）

カリキュラムは、1・2年次が選択制の芸術科目を除いて共通履修となっています。3年次に選択科目が用意され、生徒各自の進路方向によって文系・理系に分かれます。クラスはホームルームクラスが基本になっていますので、1クラスのなかに文系と理系の生徒が混在します。

「本校では、理系に進む場合でも古典の素養は必要ですし、逆に文系でも数学の力が必要になると考え、2年次までは共通履修としています。文系と理系の割合はほぼ半々ですね。3年間クラス替えをしませんので、同じ担任が3年間にわたって生徒をみます。生徒1人ひとりの成長過程をしっかりとらえ、きめ細かな指導ができます。」（岸田校長先生）

密度の濃い授業が行われているのも国立高の特徴です。生徒の課題発見・解決能力や表現力が高められる授業がめざされています。授業では、教科書以外に先生方の作成した独自プリントが多く使われています。

また、科目によっては習熟度別にクラスを分け、少人数で実施している授業もあるなど、工夫がなされています。

学習環境

サクラの名所としても有名な、緑豊かな並木道のある大学通り沿いに位置する国立高校。自習室も完備され、落ち着いた学習環境が用意されています。

卒業生による学習相談 サポートティーチャー

国立高独自の学習支援に、「サポートティーチャー」があります。

これは、定期考査の1週間前から

会議室と自習室を使い、卒業生の大学生・大学院生が国立高を訪れ、生徒の学習相談に応じるというものです。生徒は、教科の質問をはじめ、勉強方法や進路相談までさまざまなことを相談できます。

　さらに、部活動などがあり「サポートティーチャー」に参加できない生徒や、下校時刻後にも対応してほしいという生徒に向けて、19時45分までの「イブニングサポートティーチャー」も実施されています。

「自習室は、月～金曜日の放課後に開放し、6月中旬から2月末までの期間は、19時45分まで使えます。本校は、部活動をはじめ課外活動に熱心な生徒が多く、それぞれ学習時間や方法もさまざまです。このように自習室の利用時間を延長するなど、各自のやり方に応えられるように心がけて学習環境を整備しています。校長室も定期考査の1週間前に朝7時から開放し、勉強ができるようにしました。」（岸田校長先生）

1万人以上が来校する国高祭の魅力とは

　夏休みには夏期講習が用意されています。最初の3日間は特別講習期間になり、午前中は部活動や学校行事の活動が禁止されています。「特別講習期間は全員参加です。夏休みに、部活動や文化祭の準備に没頭しすぎないように、勉強面とのバランスを考慮し設定しています」と岸田校長先生は話されました。

　文化祭・体育祭・後夜祭からなる国高祭は、国立高最大の行事です。なかでも文化祭は、2日間で1万人を超える来場者が訪れる活気あふれる学校行事として毎年注目を集めています。とくに有名なのは、3年生の全クラスで取り組む演劇です。

「多くの生徒から、本校の文化祭に憧れて国立高を志望したという話を聞くほど、毎年とても盛りあがる行事です。3年生の演劇は質も高く、ご来場のみなさんからも高い評価をいただいております。演劇は、脚本から衣装や舞台装置まで、生徒たちの手作りで完成にいたります。こうした準備を通じて、生徒それぞれ悲喜こもごもの経験をします。

　本校では『社会に貢献できる21世紀を担うリーダーの育成』をめざしています。グローバル社会で活躍していくためには、自分で物事を考えて行動できること、そして1つの事を成し遂げるために強固な仲間意識や結束力が求められます。本校の文化祭では、まさにこのようなことが

国高祭

文化祭（校内の装飾）

文化祭（高3の演劇）

文化祭（開場前の様子）

後夜祭

文化祭・体育祭・後夜祭からなる国高祭。文化祭では、1年間かけて準備をする3年生の演劇が人気です。東軍・西軍に分かれて競いあう体育祭も迫力があります。

体育祭（応援）

体育祭（応援太鼓）

体育祭

実体験として得られると感じています。」（岸田校長先生）

難関大への合格実績 進学校としての姿勢

毎年、国公立大を筆頭に多くの難関大へ合格者を輩出している国立高。進路指導は3年間を通して計画的に実施され、進路ガイダンス・進路講演会・キャリアガイダンスなどが行われています。

全国模試は年間で10回行われ、定期考査などとともに生徒各人の成績が管理されています。卒業生のデータも整理されているので、生徒の成績と比較することで進路指導に役立てられています。また、1・2年生が対象の「医療系セミナー」では、医師・看護師・薬剤師の体験ができ、希望者には貴重な体験となります。

岸田校長先生は「国公立大志向が非常に強いこと、また、多摩地区の国公立大へ多く進学していることが特色だと感じています。今年度からは、京都大の体験ツアーも始まり、キャリア教育がさらに充実しています。京都大の山極壽一《やまぎわじゅいち》総長も本校の卒業生です」と話されました。

文武両道が実践される国立高では、どのような生徒さんに来てほしいのでしょうか。

「色々なことにチャレンジしたいという意欲のある生徒さんです。本校での3年間を勉強・部活動・学校行事に思いっきり活かしてください。本校の生徒たちのなかに入れば、自然とそのような機運が生まれます。まずは、部活動も勉強もしっかり取り組んで、中学校生活を充実させてください。」（岸田校長先生）

学校生活

第九演奏会

夏季講習

高3　生物の授業

部活動（少林寺拳法部）

クラスマッチ

サポートティーチャー

新入生歓迎会

国高祭以外にも、新入生歓迎会や第九演奏会など、特色ある行事が高校生活を彩ります。勉強面でのサポートも充実し、多くの生徒が文武両道を実現させています。

School Data

所在地	東京都国立市東4-25-1
アクセス	JR南武線「谷保駅」徒歩10分、JR中央線「国立駅」徒歩15分
生徒数	男子530名、女子475名
TEL	042-575-0126
URL	http://www.kunitachi-h.metro.tokyo.jp/cms/html/top/main/index.html

2学期制

週5日制（年20回、午前中4時間の土曜授業あり）

6時限　50分授業　1学年8クラス

1クラス約40名

2015年度（平成27年度）大学合格実績（　）内は既卒

大学名	合格者	大学名	合格者
国公立大学		私立大学	
北海道大	16(6)	早稲田大	112(50)
東北大	5(2)	慶應義塾大	47(26)
筑波大	8(2)	上智大	35(14)
お茶の水女子大	9(2)	東京理科大	53(28)
東京大	20(13)	青山学院大	18(8)
東京工大	11(3)	中央大	106(68)
東京外大	11(2)	法政大	21(10)
東京学芸大	9(1)	明治大	137(81)
東京農工大	21(8)	立教大	57(31)
一橋大	18(7)	北里大	11(8)
大阪大	6(2)	学習院大	2(1)
京都大	11(7)	津田塾大	11(4)
その他国公立大	52(15)	その他私立大	197(127)
計	197 (70)	計	807(456)

No.217 School Navi

共学校　茨城県　つくば市

つくば秀英《しゅうえい》高等学校

School Data

所在地	茨城県つくば市島名151
生徒数	男子500名、女子317名
TEL	029-847-1611
URL	http://www.tsukubashuei.com/
アクセス	つくばエクスプレス「万博記念公園駅」ほかスクールバス

個性が光る3つのコース

つくば秀英高等学校は、研究学園都市として有名な茨城県つくば市に位置する学校です。建学の精神「自主」「博愛」「創造」のもと、3つのコースを設定し、1人ひとりの「自分らしさ」を大切にした教育を実践しています。

「特進Sコース」は、6時間目終了後に1時間の特設授業、その後さらに50分の特別講座を実施することで、十分な学習時間を確保し、難関国公立・私立大合格に向けて着実に学力を伸ばしていきます。そして、3年次の早い段階で必修科目を履修し終え、残りの時間を不得意科目の克服や、「特別進学講座」の受講などにあてています。

多様化する入試に対応する力を育むのが「進学ABコース」です。基礎学力を定着させながら、プレゼンテーション力も強化できるような授業を展開しています。さらに希望者対象の課外授業や長期休業ゼミ学習、きめ細かな個別指導を行い、国公立・有名私立大合格という目標を実現させていきます。

文武両道の実践をめざす「進学スポーツコース」は、硬式野球・バスケットボール・柔道など計6つの特技選抜部で活動する生徒が在籍しています。全国大会出場を目標に、部活動への熱心な取り組みを奨励しながら、国公立大学進学対応クラスと私立大学進学対応クラスの2クラスを設置するなど、大学進学に関するバックアップ体制も整えています。

独自教材を活用した丁寧な進路指導

進路指導は、学校独自の「夢を叶える進路手帳～Dream Realizer」を活用しながら進めていきます。このノートには予定や面談の記録のほか、自分の目標や目標達成のためにするべきことなどを書き込めるスペースが設けられています。

進路行事としては、1年で多様な職種の方々の話を聞く「職業人講話」、2年で現役の大学生・大学院生による「学部学科説明会」を実施。3年で行う「進学説明会」は体育館に約40校の大学教職員を招き、説明会や個別相談会を開きます。

さらに、各コースとも魅力的な高大連携教育を展開しています。「特進Sコース」生向けには、筑波大教授による「高大連携模擬授業」が、「進学ABコース」生向けには、幅広い分野の大学教授を招き、体験型の特別授業を行う「キャリア探究講座」があります。「進学スポーツコース」では、「コーチング論」など、スポーツをするうえで役立つ知識を学べる実技演習が開講されています。

つくば市に漂うアカデミックな雰囲気を感じながら、各々の可能性を伸ばすことができるつくば秀英高等学校です。

共学校　東京都　杉並区

日本《にほん》大学《だいがく》第二《だいに》高等学校

School Data

- **所在地** 東京都杉並区天沼1-45-33
- **生徒数** 男子649名、女子594名
- **TEL** 03-3391-9700
- **URL** http://www.nichidai2.ac.jp/
- **アクセス** JR中央線ほか「荻窪駅」徒歩15分またはバス、西武新宿線「鷺ノ宮駅」・西武池袋線「中村橋駅」バス

確かな学力と人間関係力を育て人生の土台を築く

1926年（大正15年）に創立された日本大学第二高等学校（以下、日大二）。来年度に迎える創立90周年に向け、教育環境がますます充実しています。昨春にグラウンドが人工芝にリニューアル、今秋には新図書館棟が竣工する予定です。

校訓には「信頼敬愛・自主協同・熱誠努力」を掲げ、おおらかで明るい校風で広く知られています。

その教育の特徴は、成績などの数字に表れる「見える学力」のみならず、豊かな心を持ち、物事を主体的に判断することや人間関係力、社会人基礎力といった「見えない学力」を大切に育てていることです。この2つの力をバランスよく備えてこそ、今後の人生をより豊かで力強いものにできるという姿勢があります。

大学付属校の枠を超えた多彩な進路実績を実現

日大二は、1年次は芸術と男子武道を除き共通履修で学び、基礎学力の定着を図ります。2年次に文系・理系の2つ、3年次には文系・理系、国公立文系・理系の4つのコースに分かれ自分の希望する進路へ向けて学力を高めていきます。

特進クラスの設置や習熟度別授業は行わず、同質を集めて競うことからスタートするのではなく、色々な個性を持つ生徒をクラスに集め、生徒同士がお互いを認めあうことから始めます。異なる背景を持つ人が集まるなかでこそ、発想がより豊かになり、思いやりや人間関係力が培われるというのが日大二の教えです。

生徒と教員の距離が近いのも特徴の1つです。職員室前にはテーブルが置かれ、放課後には多くの生徒たちが質問の答えを求めにやってきます。また、職員室内も毎日のように教員との相談や会話を楽しむ生徒たちが訪れ、にぎわっています。

進路指導では、毎年、講師20名以上を招きキャリアや大学別のガイダンスを1・2年共通で実施。また、上級学校への進学や就職状況を提供し、生徒の主体的な進路選択を支援します。卒業した大学生を招いて大学生活や受験の心がまえを聞く進路講話も好評です。加えて、長期休業中の講習も上級学年になるほど手厚く実施され、サポート体制も万全です。

進学先は多彩で、日本大の付属校でありながら、日本大への進学は約30％です。なかでも指定校推薦進学は際立っており、例年60名前後が合格しています。これに公募制推薦合格を含めると約20％が他大学への推薦入学を果たしています。さらに一般受験での国公立大や私立大への高い進学実績にも定評があります。

こうした生徒と教員とのよき信頼関係と寄り添うような指導のなか、生徒は個々の目標実現に向けて努力しています。

今井《いまい》 寛人《ひろと》 校長先生

School Data

所在地
東京都杉並区久我山1-9-1

アクセス
京王井の頭線「久我山駅」徒歩12分、京王線「千歳烏山駅」バス

TEL
03-3334-1151

生徒数
男子945名、女子459名

URL
http://www.kugayama-h.ed.jp/

- 3学期制
- 週6日制
- 月～金6時限（週に1日、高1・高2は7時限、高3は8時限あり）、土4時限
- 50分授業
- 1学年男子8クラス、女子4クラス
- 1クラス30～45名（クラスにより異なる）

FOCUS ON

東京都　私立　別学校

國《こく》學《がく》院《いん》大《だい》學《がく》久《く》我《が》山《やま》高等学校

生徒を伸ばす共学的別学形式と丁寧な指導で進路希望を実現

昨年、創立70年を迎えた國學院大學久我山高等学校。2015年度から新たな入試制度を導入し、より生徒の自己実現をサポートする体制が整えられました。共学的別学形式で生徒を伸ばす教育が魅力で、「きちんと青春」をスローガンに充実した学校生活を送ることができる学校です。

創立者の理念を受け継ぐ学園三箴と実践目標

國學院大學久我山高等学校（以下、國學院久我山）は、１９４４年（昭和19年）、岩崎清一先生によって創立された岩崎学園を前身としています。１９４９年（昭和24年）に久我山学園と名称が変わり、１９５２年（昭和27年）、建学の理念が合致する國學院大學と合併し、現在の國學院大學久我山高等学校となりました。昨年創立70年を迎えています。

教育理念の根幹には、岩崎先生が作られた学園三箴《さんしん》「忠君孝親・明朗剛健・研学練能」があります。これらを日常生活に活かしていくために実践目標として掲げられているのが次の３つです。

一、規律を守り誇りと勇気をもって責任を果たそう

一、互いに感謝の心をいだき明るいきずなを作ろう

一、撓《たゆま》まざる努力に自らを鍛えたくましく生きよう

今井寛人校長先生は「学園三箴、実践目標に加えて、私が生徒によく話しているのは、明るく清潔感があり、さわやかにあいさつのできる人間になろうということです。そして生徒には人との出会いを大切にして、感謝や謝罪の気持ちをきちんと相手に伝えられる人材になってほしいと思っています」と話されました。

共学的別学形式とコース別募集が特徴

國學院久我山では、共学的別学形式がとられています。男子部と女子部に分かれ、男子は武道（剣道・柔道）が正課とされ、「鍛える力」と「さわやかさ」、女子は能などの伝統的な所作や趣を学び、茶道や華道を通じて細やかな心遣いを身につけます。男子棟と女子棟に校舎が分かれ、授業も別々に行われています。

「男女別学の一番のメリットは学習効果です。男子と女子では科目ごとに苦手分野が異なる傾向があり、授業では、男子はある程度のヒントを与えられたら、その先は自分で問題を解いていきたいと考え、女子は丁寧な説明を求める生徒が多いです。そういった違いをふまえながら、各担当教員は授業に工夫を加え、男女それぞれに合った指導を展開しています。」（今井校長先生）

こうした別学形式に加え、より効率的に学習を進めていくために新たな改革も行われました。２０１５年度（平成27年度）の入試から、男子は「文科系」・「理科系」の選択制に、

女子は「理科系」に特化した募集が始まりました。また、これまでは附属の中学校から進学してくる内進生と高入生は高2からいっしょのクラスでしたが、今年度から3年間別々のクラス編成となっています。

こうした制度変更について今井校長先生は「これまで高入生は先取り

施設

カフェテリアや自習室のある学習センター、天体望遠鏡ドームを備えた理科校舎などの施設が整えられています。ほかにも芝生や欅《けやき》並木など、自然が感じられるスペースもあり、生徒の安らぎの場となっています。

理科会館

学習センター・自習室

学習センター・カフェテリア

学習センター・図書館

人工芝グラウンド

学びの道（欅並木）

教育を行っている内進生に追いつくために大きな負担がありました。そうした負担をなくし、早い段階から大学受験の準備ができるように、3年間別々のクラス編成としました。そして大学受験に向けて効率的に学力を培っていくために、入学時に男子は文科系・理科系、女子は理科系のコース募集としました。女子が理科系に特化しているのは、昨今の世の中にみられる実学志向を考慮しているのと、医学や薬学をはじめとする看護医療系や生物科学といった理科系大学を志望する女子生徒が多くなってきていることからです。しかし、理科系から文科系の進路に進めないということではありません。むしろ文科系に進む場合も、きちんと理科系の知識を身につけてほしいと思いコースを設けました。生徒には文科系・理科系両方の学力をしっかりと身につけてから社会に出ていってほしいです」と説明されました。

学習のサポート体制も整えられており、添削指導や、先生方が自主的に行う平日の早朝講習、放課後講習も多く実施されています。高入生の1年次、夏期講習は必修となっており、前期と後期に分けられ1週間ずつ行われます。高2・高3では、希望者に向けた校内講習に加え、3年次には成績上位者を対象に御岳合宿講習が6泊7日で開かれます。

20年以上続く朝読書 国際交流も実施

國學院久我山の伝統的な取り組みの1つに高1・高2の朝読書があります。20年以上続けられているもので、授業開始前の10分間、教員も含め全員が好きな本を読みます。

「朝読書をすることによって、気持ちが落ち着き、授業にスムーズに入っていけるという効果があります。読書習慣が身につくだけでなく、教員の読んでいる本を生徒にすすめて貸し借りをすることで、生徒の読む本のジャンルも広がっているようです。夏休みには感想文コンクールも行っています。」（今井校長先生）

そのほかの取り組みとして、国際交流では英国語学研修が7月から8月にかけて約3週間行われています。高1の希望者が対象です。ホームステイをしながら、ボーンマスのアングロ・コンチネンタル語学学校で世界から集まった学生たちと英語を学びます。ほかにも留学生を招いてプレゼンテーションやディスカッションをするプログラムが用意されています。これまでは年に1回の実施でしたが、生徒の要望で昨年度か

学校生活

弁論大会

授業風景

ダンス部

男子・武道（剣道）

女子・能楽

サッカー部

地学部

國學院久我山では、男子・女子それぞれの性差に配慮した教育が展開されています。勉強と両立しながら部活動に積極的に励む生徒が多く、最も部員の多いサッカー部は200名を超えています。

行事

体育祭

久我山祭

1年を通してさまざまな行事が用意されている國學院久我山。毎年6月に人工芝グラウンドで学年対抗の体育祭が実施されます。9月には久我山祭が行われ、高1はクラス展示や演劇など、高2が出店、高3は自由参加となっています。修学旅行は高2の3月に九州を訪れます。

修学旅行

ら年2回実施しています。「学校は色々な機会を用意するので、生徒には積極的に参加してほしいです」と今井校長先生が話されるように、國學院久我山では生徒の意欲に応える体制が整えられているのです。

生徒の自己実現を第一に 丁寧な進路指導を実現

進路指導は、生徒が自己実現できる大学はどこかということを第一に考えたものになっています。

1年次に國學院大各学部の説明会が実施され、2年次には他大学の教授による模擬授業が行われます。校内実力試験や外部模擬試験も定期的に実施され、受験への道しるべとなる『大学進学資料ノート』も配られます。この冊子にはあらゆる大学について卒業生の模擬試験などの成績が一覧でまとめられ、その合否結果も掲載されています。そうしたデータと生徒の成績を照らし合わせながら丁寧な指導が展開されています。

國學院大へは、校内判定の基準を満たせば、文科系・理科系どちらのコースからも「優先入学制度」によって進学することができます。

生徒が望む進路に進めるよう男女の特性に配慮した共学的別学形式で学力を伸ばす國學院大學久我山高等学校。生徒たちは「きちんと青春」をスローガンに、勉強だけでなく部活動などにも積極的に取り組み充実した学校生活を送っています。

最後に今井校長先生は「本校ではこれからのグローバル社会において日本のことを世界に発信できる人材を育てています。物事を発信するためには語彙《ごい》力が必要です。語彙力を身につけたうえで、文章を理解したり人の話をきちんと聴ける読解力と聴解力を養っていきます。中学生のみなさんには、日本語でも英語でも、語彙力をしっかりと身につけて入学してきてほしいです。さまざまなことに興味を持ち、興味を持ったことに全力で傾注できる生徒さんを待っています」と話されました。

2015年度(平成27年度)大学合格実績 ( )内は既卒

大学名	合格者	大学名	合格者
国公立大学		私立大学	
北海道大	3(2)	早稲田大	106(10)
東北大	3(1)	慶應義塾大	59(12)
筑波大	7(1)	上智大	45(8)
千葉大	2(0)	東京理科大	61(13)
東京大	6(0)	青山学院大	64(9)
東京外大	8(0)	中央大	62(11)
東京学芸大	3(0)	法政大	71(10)
東京工大	2(0)	明治大	122(16)
一橋大	5(0)	立教大	98(13)
横浜国立大	9(2)	学習院大	26(7)
大阪大	2(0)	國學院大	64(5)
その他国公立大	53(14)	その他私立大	564(82)
計	103(20)	計	1342(196)

教えてマナビー先生！

世界の先端技術

▶マナビー先生

日本の某大学院を卒業後海外で研究者として働いていたが、和食が恋しくなり帰国。しかし科学に関する本を読んでいると食事をすることすら忘れてしまうという、自他ともに認める“科学オタク”。

search こうのとり

黙々と国際宇宙ステーションに物資を届ける無人の補給宇宙船

秋になって夜空を見上げることも多くなっているのではないだろうか。いま、日本の油井《ゆい》亀美也《きみや》さんら宇宙飛行士を乗せた国際宇宙ステーション(ISS)が上空400kmを秒速約８kmで飛んでいる。なんと約90分で地球を１周する。

そんなISSに必要な荷物を届けるために開発されたのが、今回紹介する「こうのとり」だ。

「こうのとり」は食料品や実験装置などの補給物資をISSに届けるために日本が開発した無人の補給宇宙船だ。2009年(平成21年)に最初の「こうのとり」１号機を開発し、運用を始めてから１年～１年半の間隔で打ち上げが続けられている。今回が５回目の「こうのとり」５号機だ。スペースシャトルが退役してから、ロシアのプログレス、欧州のATV、アメリカのドラゴン、シグナス宇宙船などがISSへ物資の輸送を行っている。

秒速８kmの高速で飛行しているISSに物資を運ぶのだから、ドッキングまでには大変な道のりがある。まずは鹿児島県の種子島からロケットで打ち上げられる。正常な打ち上げが確認されると、NASAや筑波宇宙センターの監視のもとに、３日間をかけてISSのそばまで近づく。最終段階では、ISSの日本の実験棟「きぼう」に設置されている通信システムと交信し、GPSやレーザーで距離などを測りながらゆっくりとISSから10mの位置まで接近するのだ。ここからはロボットアームを使っての操作だ。今回は日本人宇宙飛行士として初めて油井宇宙飛行士が手動で捕まえて、ドッキングさせたんだよ。

多くの機材を運べるよう改良された「こうのとり５号機」は、８月24日、日本人宇宙飛行士・油井さんの手でピタリと国際宇宙ステーションにドッキングされた（写真提供：JAXA/NASA）

５回目の今回は、通常の運搬物以外に小動物飼育装置(MHU)や高エネルギー電子・ガンマ線実験装置(CALET)など色々な実験に必要な機材も運んだ。５号機からは、打ち上げ直前に物資を積み込むことができる速達サービスの量が、海外の輸送船に比べてかなり多くなるなど利便性が増してきている。輸送量も水や食料、多くの機材など世界最大の約６tもの輸送ができるようになった。これらの補給で飛行士たちが快適に作業ができるんだ。

「こうのとり」は輸送の役目が終わるとISSの不要になったものを積み込んで、南太平洋またはインド洋上空で燃えつきる。

将来は月への輸送も考慮に入れた新しい計画も予定されている。これからも「こうのとり」の活躍が楽しみだね。

Pick up School

佼成学園高等学校

KOSEI GAKUEN High School

School Information
Address
東京都杉並区和田2-6-29
TEL
03-3381-7227
URL
http://www.kosei.ac.jp/kosei_danshi/
Access
地下鉄丸ノ内線「方南町駅」徒歩５分

難関国公立コース新設 充実のＩＣＴ教育も

「男子校」「少人数制」「進学校」という特長を持つ佼成学園高等学校（以下、佼成学園）。今年度から、「難関国公立コース」と「文理コース」という2つのコース制度を導入し、新たなスタートを切りました。今回は「難関国公立コース」の特徴とともに、日々の学習を支える充実のＩＣＴ教育も合わせてご紹介します。

難関国公立大学現役合格をめざすハイレベルなコース

佼成学園は、これまでも丁寧な教育を実践することで、多くの卒業生を志望大学の合格へと導いてきました。近年、国公立大学をめざす生徒が増えてきたことから、今回のコース制度改革では、難関国公立大学の合格を目標とする「難関国公立コース」を設置しました。

国公立大・私立大の合格をめざす「文理コース」で1年次は高校入学生と中高一貫生は別のクラス編成となりますが、「難関国公立コース」は1年次から高校入学生と、中高一貫生の成績上位者が混在しています。異なる環境で学んできた生徒が「難関国公立大学現役合格」という目標に向かってともに勉強することで、モチベーションを高める狙いがあり、コース新設1年目の今年は、高校入学生15名と中高一貫生17名でスタートしています。どの生徒も意識が高く、彼らは互いに刺激しあえるよき仲間となっているそうです。

このコース最大の特徴は、放課後に「トップレベル講習」が用意されていることです。千歳烏山にある佼成学園女子高等学校（以下、佼成女子）に出向き、佼成女子の生徒と合同で講習を受けるというもので、講習内容はその名の通り、難関国公立大受験に対応できる力を養うよう、ハイレベルな内容を扱っています。1年は最大週3日、2・3年は最大週4日履修することができ、講習は、佼成学園・佼成女子それぞれの学校からベテラン講師と大手予備校の一流講師が担当します。

佼成女子と合同の「学習合宿」も年に2〜3回実施しています。それぞれの学校や宿泊施設に泊まり込んで、朝から晩まで集中して勉強し、さらなる学力の向上をめざします。合宿には6〜7人のチューターもフル参加してくれます。

チューターとは、難関大に通う佼成学園の卒業生であり、放課後や長期の休みには自習室に在駐して勉強のことはもちろん、勉強以外のことも相談できる頼りになるアドバイザーです。チューターにお世話になった在校生が大学生になると、今度は自分がチューターになって後輩をサポートするなど、先輩から後輩へといい循環が受け継がれているのも佼成学園の特徴でしょう。

先輩から後輩へのアドバイスといえば、「東大に入ろうゼミ」もあります。東大に入学した佼成学園の卒業生が、受験体験や大学での学びとはどのようなものかを話したり、参加者からの質疑応答を受けたりするイベントです。

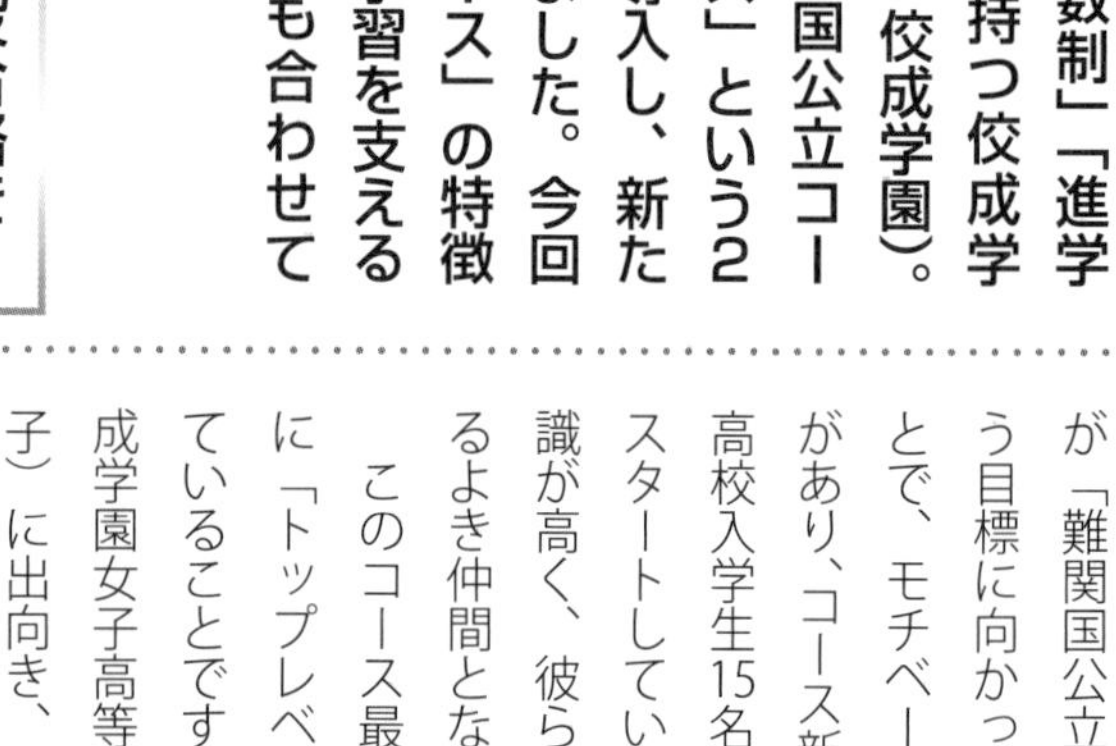

佼成女子生と合同で受けるトップレベル講習

チューターの説明を真剣に聞き入ります

「東大生の彼らが1年のときから勉強ばかりしていたわけではないという話を聞いて、生徒は『自分にもめざせるんじゃないか』と、前向きな気持ちを持てるんです。東大に合格するのは特別に選ばれた子だけではないんだ、というのを感じてもらいたいですね。」（青木謙介教頭先生）

さらに、奨学資金を使って大手予備校の講座を受けられる「スカラシップ制度」もあります。

このように、さまざまな取り組みが用意されていますが、なかには、クラブ活動に熱心に取り組みたいという生徒もいます。そのため、「トップレベル講習」などの取り組みを強制受講しなければならないということはありません。クラブ活動を頑張りたい生徒は、進路指導部と相談しながら、いまの自分に必要な講座をとっていくことも可能です。1人ひとりに寄り添った指導を貫いているのが、「難関国公立コース」なのです。

主体的な学習を実現する 佼成学園のICT教育

今年度から1年生全員に1人1台iPadを配付、各教室には最新型の電子黒板型プロジェクターとスクリーンを完備し、最先端のICT教育環境を整えた点も魅力的です。

佼成学園では、ICT（Information & Communication Technology）の利用において、ICTのC、コミュニケーションを重視しており、これらの機器は、主体的に学ぶ姿勢を育むツールであるとともに、コミュニケーションを活発に行うツールとしても期待を寄せられています。

例えば、iPadには、教員、生徒、保護者が互いにコミュニケーションをとれるアプリが入っており、教員が生徒にお知らせを一斉発信したり、クラスやクラブなどのグループ内でメッセージをやりとりしたり、日々の学習記録をつけたりと、さまざまな場面で活用されています。もちろん、学校内は無線のインターネット設備が整っているため、どこでも気軽にiPadを利用でき、その使い方はさらなる広がりを見せそうです。

1人1台のiPadを有効活用して行われるプレゼンテーション

また、プロジェクターやスクリーンを導入したことで、これまで以上に授業を円滑に進められるようになりました。iPadと連動した相互通行型授業や調べ学習、プレゼンテーション活動の積極的な導入にも役立っています。

青木教頭先生は、「自分の手でノートをとることも大切だと思いますので、ICT機器の便利な面をうまく取り入れつつ、これまでの教育で大事にしてきたことも継承していきます」と話されます。学びの本質を大切にしながら、現代で活躍するために必要なスキルを養っていく佼成学園のICT教育は今後ますます発展していくことでしょう。

難関国公立大学現役合格という目標達成に向けて努力を惜しまない生徒が集まる新コースと、21世紀型能力を育むICT教育で、充実した学校生活を送ることができる佼成学園高等学校。「1人ひとりの未来につながる3年間」（青木教頭先生）を過ごせる注目の1校です。

佼成学園高等学校入試情報

入試日程

推薦入試　1月22日(金)
(作文・面接。難関国公立コースは適性検査もあり)
第1回一般入試　2月11日(木祝)
第2回一般入試　2月12日(金)
(第1回、第2回ともに国語・数学・英語…各50分)
※入学金・授業料が免除になる特待合格あり

学校説明会日程

11月23日(月祝)　10:00～11:30
※入試問題解説も実施します。
11月24日(火)　18:30～19:30
11月26日(木)　18:30～19:30
11月27日(金)　18:30～19:30
12月5日(土)　14:00～15:30
※入試問題解説も実施します。

詳しくはHPをご覧ください。

和田式教育的指導

2学期もなかばが過ぎ、受験本番まであと約100日となりました。みなさん、前回の記事でお話しした「課題科目」には、取り組めていますか？　今回は、志望校への対策に焦点をあて、いまやるべきことを明確にすべく、「過去問」を解くことをおすすめします。

志望校の過去問を解いて いまやるべきことを明確にしよう

私立高校を受けるなら過去問を解くのは必須

この時期、塾に通っているみなさんは、おおむね中学の学習範囲を終えているころでしょう。そろそろ、自分の不足点や弱点も見えてきたのではないでしょうか。そうであれば、これまでのように塾から与えられたすべての科目の課題をまんべんなくやるのではなく、1人ひとりに異なる「やるべき科目」への対策をする時期でなくてはなりません。この対策をあと回しにしてしまうと、受験まで時間がなくなり、志望校向けの勉強ができなくなってしまいます。

ある程度、学力がついてきたら、今度は志望校に焦点をあてましょう。合格まで、あとどれくらい足りないのかを把握して、受験計画を立てるのが次のステップです。

公立高校を志望するみなさんは、ほとんどの場合、公立用の模試の問題をそのまま志望校対策として使えます。なぜなら、公立高校は一部の学校を除き共通問題を使用するからです。また、模試の問題は、共通問題の出題傾向に合わせて作成されて

和田先生のお悩み解決アドバイス

Q 試験のとき頭のなかが真っ白になってしまう

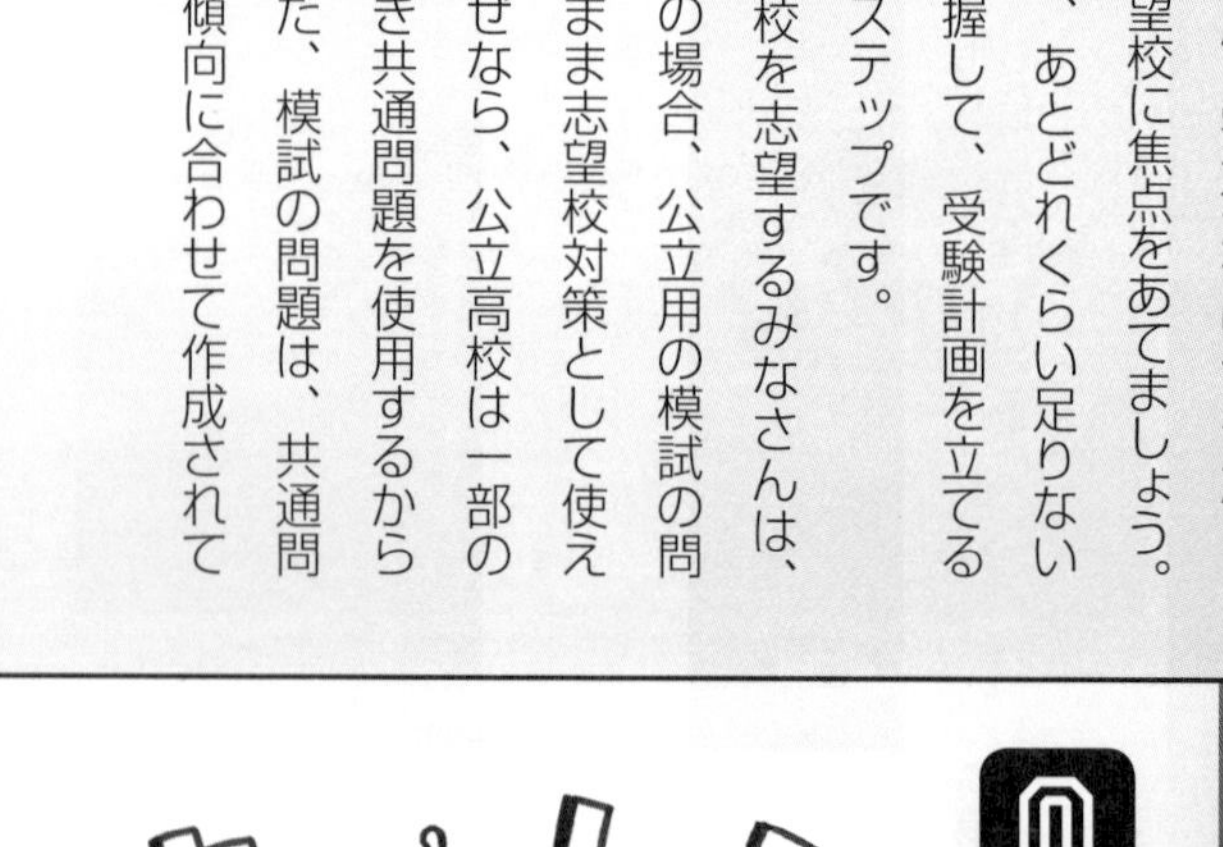

Hideki Wada

和田秀樹

1960年大阪府生まれ。東京大学医学部卒、東京大学医学部附属病院精神神経科助手、アメリカのカールメニンガー精神医学校国際フェローを経て、現在は川崎幸病院精神科顧問、国際医療福祉大学大学院教授、緑鐵受験指導ゼミナール代表を務める。心理学を児童教育、受験教育に活用し、独自の理論と実践で知られる。著書には『和田式　勉強のやる気をつくる本』（学研教育出版）『中学生の正しい勉強法』（瀬谷出版）『難関校に合格する人の共通点』（共著、東京書籍）など多数。初監督作品の映画「受験のシンデレラ」がモナコ国際映画祭グランプリ受賞。

います。ですから、模試の結果に応じて、受験計画を調整することができるのです。これには、学校や塾の先生が、生徒を浪人させないよう、模試の結果に応じて受験校を指導してきた歴史的背景があります。

一方、私立高校を志望するみなさんには、模試だけでなく、志望校の過去問を解くことをおすすめします。模試と過去問は、似ているようで異なります。とりわけ難関私立の入試問題は、模試よりハイレベルです。志望校の過去問を見ないことには、受験対策は成り立ちません。

合格までの課題と不足　相性さえも見えてくる

過去問を解いておけば、必然的に、あとどれくらい勉強すればいいか見えてきます。例えば、志望校の過去問を解いて、500点満点中240点が取れたとします。合格者の最低点が仮に320点だとしたら、足りないのはあと80点だとわかりますね。合格者の最低点は、ほとんどの学校で発表されています。あとどれくらい頑張れば届くのか、あるいは志望校自体を見直す必要があるのかなど、具体的な受験計画を確立していきましょう。

また、過去問を解くことで、志望校の入試問題が、自分に合っているかどうかを確認することができます。論述形式の問題が多いのか、記号問題が多いのか、出題傾向は学校によりさまざまです。入試問題との相性は、偏差値以上に大切なこと。そういう意味でも、過去問が参考になるでしょう。

さらに、「この学校の英語は長文が多いから、読むスピードをあげないといけない」とか、「この学校の数学は比較的易しいけれど、国語が難しいから注力していこう」といった課題も見えてきます。そうすると、必然的に対策が立てられますね。

入試まで、あと約100日。いま自分のやるべきことを絞り込んだら、あとは実行するのみです。1日1日を有効に使っていきましょう。

A　本番前に笑うことで頭をほぐしてあげよう

いざ本番を迎えたときに、緊張で頭が真っ白になってしまう、という経験をしたことがある人は少なくないはず。せっかく勉強をしてきたのに、試験当日に実力を発揮できないのは、悔しいですよね。脳科学者が行ったいくつかの実験によれば、この「頭が真っ白になる」という状態は、脳の前頭葉の血流が悪くなることで引き起こされるのだそうです。

そんなとき、どうすればいいかというと、笑うことが一番効果的だといわれています。実際、演奏前の音楽家や、試合前のスポーツ選手が控え室でギャグを飛ばしあう、という話をよく聞きます。本番前に笑うことで、緊張をやわらげるのです。野球選手に笑いのセンスがある人たちが多いのは、そういう理由なのかもしれません。

試験前には、自分の好きなギャグやネタを見て、リラックスしておくのがよいでしょう。また、ほかに自分の気持ちがやすらぐ絵や写真などを持ち歩くのもいいと思います。笑顔で緊張を吹き飛ばしましょう。

※このページは43ページから読んでください。

3には、不足する1語のヒントがないし、日本文全文を英文にしなければならない。「これは難しい…」と思う人は、日本文を細かく分けて、文頭から順に英語に置きかえていくといい。

「(私の)息子」＝［ my son ］

「(息子と)同い年くらい」＝［ about his age ］

ここが難しいかもしれない。「息子」といってもだれの息子か、「同い年」といってもだれと同い年なのか。

大体、彼とか君とか私とか、人称を省略するのが当たり前なのが日本語だ。ところが、英語はうるさいくらいにheとかyouとかIとか、人称代名詞を繰り返し言う。

「遊び相手」＝［ somebody to play ］

「必要だ」＝［ needs ］

英文にすると、

My son needs somebody about his age to play.

となる。つまり、息子は遊ぶのに自分と(＝彼と)同い年くらいのだれかを必要とする…ん？　これだと不足する単語がない。なにか足りないはずだ。

「遊び相手」というのは、もちろん息子の遊び相手だ。息子といっしょに遊ぶだれかだ。息子は(my) son、遊ぶは(to) play、だれかはsomebody、ここで気づくだろう、「あっ、『いっしょに』がないぞ！」と。

そうだ、それが抜けている。「いっしょに」は［with］だ。正しい英文は、

［My son needs somebody about his age to play with.］

正解 (3) with

次は4だ。

これも、不足する単語が示されていないが、英文のYoung people do not knowが明示されている。この部分は、日本文の「若者は～を知らない」にあたるね。残りの「コンピュータのない生活がどういうものなのか」を考えよう。

「コンピュータのない生活」

＝「コンピュータなしに生きること」

＝［ to live without computers］

これはわかりやすいが、「どういうものなのか」はどうだろう。これを、［ is / it / like / to ］に不足している1語を加えて作ることになる。

「どういうものなのか」は疑問文だ。これは、「なにに似ているか」ということだとわかれば、

「(それは)どういうものなのか」

＝「(それは)なにに似ているものか」

＝what it is like ～

というふうに、不足している1語はwhatだとわかるかどうかがカギだ。

そして、「もの」は「生活」＝「生きること」＝［ to live ］だから、

「(それは)どういうものなのか」

＝「(それは)なにに似ている生活か」

＝what it is like to live

というふうに組み立てられる。以上のように考えることで、以下の正しい英文を作ることができる。

［Young people do not know what it is like to live without computers.］

正解 (4) what

最後は5だ。

これは超難問で、「10年ぶり」を英語でどう表現するかを知らなければ、正答できないだろう。

英文の文末の［ in ten years ］と与えられている単語を用い、さらに1語加えて「10年ぶり」を英語で言うと、［ for the first time in ten years ］＝「10年間で1度の」になる(［ first time ］は「1度」という意味だ)。

また、英文の初めに、This summer in Tokyo, weとあり、［ suffered ］という単語があることから、「水不足だった」は「私たちは水不足に苦しんだ」ということだなと考えられる。

「苦しむ」は［ suffer ］だが、「～に苦しむ」は［ suffer from ～］という。「水不足だった＝水不足で苦しんだ」は［ suffered from a water shortage ］となる。

以上をまとめると、「この夏、東京は10年ぶりの水不足だった。」は、［This summer in Tokyo, we suffered from a water shortage for the first time in ten years.］だ。

正解 (5) first

このような、日本語(水不足だった)と英語(私たちは水不足に苦しんだ)の言い回しの違いを知ることが、英語力の向上につながる。

逐語訳(直訳)に慣れてしまうと、日本語的表現と英語的表現の違いとそれぞれの言葉の味わいを感じ取れなくなる。言葉は人間だけが生み出した高度な文化だ。その味わいを感じられることこそ、人間らしさの1つなのだ。

※このページは43ページから読んでください。

正解 (4) cube

5は難しくない。yesterdayは昨日で、tomorrowは明日だ。で、pastが過去だから、tomorrowに対応するのは未来だね。未来はfutureだ。

正解 (5) future

どうだい？　この程度の単語知識なら大丈夫だと思う人は、同じ開成の以下の問題に挑戦してみよう。

［　　　］内の語を並べかえて，日本文の意味を表す英文を作るとき，不足する1語をそれぞれ答えなさい。ただし，最初の文字が指定されているときは，例にならってその文字から始まる語を完全な形で答えること。また，文頭に来る語も小文字にしてあります。

(例)　彼女はそのことについては何も知らない振りをした。

She［ about / acted / as / it / knew / nothing / she ］.　(t-　　　)

She［ acted as though she knew nothing about it ］.　答　though

1. この路線にもっと頻繁にバスの便があればいいのに。
   ［ bus / frequent / I / more / there / was / wish ］on this route.　(s-　　　)
2. 当時，母国では彼の絵にはほとんど関心が寄せられなかった。
   At that time,［ his / in / interest / paintings / shown / was ］in his home country.　(l-　　　)
3. 息子には同い年くらいの遊び相手が必要だ。
   ［ about / age / his / my / needs / play / somebody / son/ to ］.
4. 若者はコンピュータのない生活がどういうものなのかを知らない。
   Young people do not know［ computers / is / it / like / live / to / without ］.
5. この夏，東京は10年ぶりの水不足だった。
   This summer in Tokyo, we［ a / for / from / shortage / suffered / the / time / water ］in ten years.

さあ、かなり手強い問題だ。じっくり考えよう。まずは1からだ。

「この路線に」は、文末の［ on this route ］だから、「もっと頻繁にバスの便があればいいのに」の部分を組み立てるわけだ。

最初に目がいくのは、「〜といいのに」だね。これは用意されている単語を見て、［ I wish 〜］だとわかる。

残りの「もっと頻繁にバスの便がある」のうちの「もっと頻繁に」は、［ more frequent ］だ。「バスの便がある」は、［ there was bus ］で、「もっと頻繁にバスの便がある」は［ there was more frequent bus ］だなと思うだろう。

だが、これでは「もっと頻繁なバスがある」であって、「便」が抜けている。第一、「頻繁なバス」なんて日本語として意味が通らない。

「便」はバスの運行という意味だね。これをsから始まる単語を用いて表現しなければならない。これは難しい。知らないと答えられない。

正答はserviceだ。serviceは色々な意味合いで用いられる。乗りものの運行という意味もあるのだ。train serviceは列車の運行・列車の便で、郵便・電話や水道・ガスなどの公共の事業にも使う。postal service、telephone service、water service、gas serviceというふうにね。

正しい英文は、［ I wish there was more frequent bus service on this route.］だよ。

正解 (1) service

次は2だ。「当時」と「母国では」は、［At that time］と［ in his home country ］だから、残りの「彼の絵にはほとんど関心が寄せられなかった」を考えよう。

すぐに気づくのは、「ほとんど〜なかった」という否定表現だ。用意されている［　］のなかには、notとかneverとかnoといったような否定語がないのは、「ほとんど〜なかった」は部分否定文だからだな…とわかれば、lから始まる否定語、littleが頭に浮かぶだろう。

正しい英文は、［At that time, little interest in his paintings was shown in his home country. ］となる。

正解 (2) little

教育評論家 正尾 佐の

高校受験指南書

［百七の巻］

今年出た難しい問題2

英語

Tasuku Masao

「今年出た難しい問題」シリーズの第２弾は英語だ。難関高校ではどこでも、難問を少なくとも１問は出題する。だから、そういう高校に合格するか否かは、難問をどれだけ正しく解答できるかにかかっているとも言えるんだね。

そこで、今号では西の灘と並ぶ東の最難関校、開成の問題を取り上げることにした。まず、矛盾する言い方だが、やや易しめの難問から始めよう。

左辺と右辺の関係が等しくなるように，下線部に入る１語をそれぞれ答えなさい。

1. speak：speech＝see：＿＿＿＿＿
2. arm：elbow＝leg：＿＿＿＿＿
3. short：shorten＝long：＿＿＿＿＿
4. x^2：x^3＝square：＿＿＿＿＿
5. yesterday：tomorrow＝past：＿＿＿＿＿

単語力が試される問題だね。

高校へ進むと、教科書には次々と新たな単語が登場してくる。さらに、３年後の大学入試では、教科書にはない単語がかなり出てくる。単語のような基礎知識を増やすのに「まだ早い」ということはない。貪欲に取り組みたいものだ。

では、１から始めよう。

speak：speech＝see：＿＿＿＿＿

まず語意を考えると、speak：speech＝話す：話すこと・言葉だ。品詞でいうと、speak：speech＝動詞：名詞だ。

同じようにsee：＿＿＿＿＿を考えると、seeの名詞sightが正答だ。sightは、見ること・視野といった意味の単語だ。

正解（1）sight

次は２だ。語意は少し難しいかもしれないね。arm：elbow＝腕：ヒジだ。legは脚だ。

といっても、legはじつは日本語の「あし」とは異なる。英語では、おおざっぱにいうと「あし」はfootとlegに分かれる。

足首を境にして、下の部分がfoot、上の部分がleg、さらに細かくいうと、足首はankle、かかとはheel、ヒザはkneeだ。

elbowは「腕」の曲がる部位だね。「あし」の曲がる部位は、もちろんヒザだ。

正解（2）knee

３は、語意がshortは短いで、shortenは短くする・短くなる。

品詞を見るとshortは形容詞で、shortenは動詞だ。longは長いで形容詞だから、longの動詞が正答だね。

shortがshortenなら、longはlongenだ、と言いたいところだが、残念ながらそうではない。長くする・長くなるという単語はlengthenだ（ちなみに、lengthは長さという意味だ）。

正解（3）lengthen

４は、少しばかりヒネっている。x^2とx^3は２乗と３乗だが、左辺のx^2に対応する右辺がsquare。squareは正方形／長方形（四角形）・平方だ。だとすれば、x^3に対応するのは立方体（正六面体）・立方ということになるだろう。

立方体はcubeだ。ちなみに、squareは四角くする・四角になる、cubeは立体にする・立体になるという動詞でも用いることがある。

国語

東大入試突破への現国の習慣

田中コモンの今月の一言！

「着地点」を準備してこそ、「オトナ」の対応だと言えます。

田中《たなか》 利周《としかね》先生

早稲田アカデミー教務企画顧問

東京大学文学部卒。東京大学大学院人文科学研究科修士課程修了。文教委員会委員。現国や日本史などの受験参考書の著作も多数。

グレーゾーンに照準！ 今月のオトナの言い回し 「売り言葉に買い言葉」

「また、やってしまいました…」と、反省しきりのお母様から「お悩み相談」が寄せられました。「これまでにも何度も繰り返して…大人気ないのはわかっているのですが…」と、オトナであるはずのご自身の対応に「もはや自信が持てなくなってしまいました…」というのです。そこで「オトナの言い回し」を伝授している筆者に、「どうすればいいのでしょうか？」という相談が舞い込んだというわけです。「なるほど」と、ご相談にいらっしゃった「必然性」に、私自身深く納得いたしました（笑）。

何も、気のきいた「オトナの言い回し」を教えてほしい、という話ではありません。いわゆる親子喧嘩の際に、「言わなくてもいいことを、つい口にしてしまう」という失態を、何とか回避することはできないものでしょうか、というご相談です。

こんな調子でバトルが繰りひろげられたそうです。お母様の「勉強しなさい！」の一言に対して、「今、やろうと思っていたのに〜かえってやる気が失せる〜」と息子さんに応酬され、思わず「何なのそれ！　あなたはいつもそう。誰が何のために勉強するの？　誰かが代わりにやってくれるの？　勉強できなくて困るのはあなたでしょう！　私はちっとも困らないけど！　あなたはそれでいいの？」と畳みかけてしまい…この瞬間、親子の間に深い溝ができてしまった、という話です。親子断絶、というほど大げさな話ではないのですが、いやな空気が家庭内を覆ってしまい、「顔を合わせざるをえない」「声をかけざるをえない」そんな何気ないやり取りでさえも、しばらくはお互いに気まずい雰囲気になってしまった、といった内容です。どこのご家庭にもありがちな親子喧嘩ですよね。まさに「売り言葉に買い言葉」。

喧嘩をする時、しかけてくるほうを「喧嘩を売る」といい、その喧嘩の相手をするほうを「喧嘩を買う」といいます。「売り言葉」とは「喧嘩のきっかけになるような、言いがかりの言葉」であり、「買い言葉」とは「言われた悪口に対して、負けずに言い返す悪口」という意味です。「売る」「買う」という言葉には、「お金と引きかえに」という意味だけではなく、「自分から仕掛ける」「進んで引き受ける」という意味がそれぞれあり、「売り言葉に買い言葉」の場合が、まさにこれに該当するのですね。

さて、お母様のお悩みは「大人気ない対応」を回避するにはどうしたらいいのか、というものですが、何も「これぞオトナ！」という素晴らしい対応法があるわけではありません。親子喧嘩といえども「言葉のやり取りや態度を通したコミュニケーション」が行われているのだから、いわゆる「話し合い」におけるルールを適応すればいいのではないか、といった意見もあります。「一方的に話さない」「感情的にならない」「勝ち・負けを焦点にしない」など、コミュニケーションのあり方についての一般的な注意点に留意して話し合いをしてみましょう、というわけです。

「先生！　それができないから、相談してるんじゃないですか…」そうですよね（笑）。お母様もお気づきのことと思いますが、親子喧嘩の際には、なぜだか「相手を言い負かそうと感情的になり、一方的に言い募ってしまう」というケースになりがちです。やってはいけないことばかりですね。先ほど実際に例にあげた「お母様の畳みかけ」のように、不満をついついぶちまけてしまうものなのです。これではコミュニケーションとは言いがたいですよね。もう「これはコミュニケーションではない」と認めてしまいましょう。親子喧嘩の際には、「どんな風に言葉をかければよいのか」といったルールはそもそも存在しないんだ！　と開き直りましょう。親子のコミュニケーションは「喧嘩」の際にではなく、関係が良好な時、「仲直り」している時にこそ、しっかりととればいいのです。

では、オトナの対応としてどうするべきなのか。それは喧嘩をしかけるタイミングをはかることにつきます。お母様にお聞きしました。「親子喧嘩がおきてしまうのは、いつも何時ごろですか？」と。もちろん決まった時間に喧嘩をスタートさせているわけではないのですが、自らの行動を振り返るきっかけにしてほしかったのです。最初は質問の意図がわからずにお母様も戸惑われましたが、よくよく思い起こしてみると「夜の10時ごろ。私が食事の後片付けを終えて、というタイミングが多いです」とのお答えが返ってきました。これからお母様も「ほっと一息」つこうか、という時間に限って喧嘩がおきることがわかったのです。これは、リラックスしたい時間に言い争いをしてしまうと、小さなことでも必要以上にエキサイトしてしまうからなのでしょう。だとするならば、オトナの対処法としては、自分がリラックスしたい時間帯を避けて、喧嘩をするということになります。「売り言葉に買い言葉」を避けるためには、「自分から仕掛けない」「進んで引き受けない」、ですよ。

慇・懃・無・礼?!
今月のオトナの四字熟語
「一旦停止」

「でも先生、親子喧嘩が始まってしまったらどうすればいいのでしょうか」。危険な時間帯を避けたとしても、それでも勃発してしまった親子喧嘩。「売り言葉に買い言葉」ではコミュニケーションとは言えないのですから、「どんな言葉をかけるのか」という観点ではそもそも対処できません。では、どうするのか。それは「一旦停止」を心がけることです。

オトナの対応にとって最大の敵、それは感情的になりすぎることです。お子さん以上に親御さんの方がエキサイトしてしまうケースがあります。いや、ほとんどのケースがそうだと言ってもいいのではないでしょうか？　「子どもの話を聞く」などといった余裕さえなく、あまつさえ「子どもの話の最中に横やりを入れる」という暴挙に出ることも。また、感情的になると「使うべきではない言葉」を、ここぞとばかりに吐き出してしまいます。先ほどの例でいうならば、「あなたはいつもそう」という一言です。これでは、以前から思っていたことの蒸し返しになり、さらには決め付けをおこなっているように聞こえてしまい、お子さんのモチベーションを一気に下げてしまいます。「勉強しなさい！」と言って、働きかけようとした当初の目的とは、正反対の結果を生むことになってしまいます。

「怒り」という感情は、本来、目の前に迫った危険に対処するための生理的な反応です。頭に血がのぼり緊張状態になるのです。その状態のまま言葉を発してしまうと、必要以上に攻撃的になってしまうおそれがあります。「一旦停止」はこのタイミングで行うべきです。親子喧嘩だからこそ決めておくことができるルールとして、「怒ったら休憩タイム」という設定がおすすめです。お互いに、いや特に親御さんが、一時クールダウンを心がけましょう。「鼻から息を大きく吸い、頭の中で4秒数え、今度は口から大きく吐き、4秒数える」という深呼吸を、ルールとして設定しておくのです。

「一旦停止」というのは、喧嘩をなかったことにするというのとは違います。せっかく喧嘩というきっかけがあったのですから、お互いの意見をしっかりと表に出しましょう。相手の意見を聞き、自分の頭でフィードバックする時間と余裕が必要なのです。その上で、自分の意見をまとめ、どのようにうまく伝えることができるだろうか考えることが大切です。「着地点」を見据えてのアプローチですね。こうなると「喧嘩」ではなく「コミュニケーション」です。オトナの対応というのでしたら、こちらを目指しましょう！

いや、無理は承知ですけどね（笑）。

$(BD^2=)AB^2-AD^2=BC^2-DC^2$
が成り立つ。よって、$BC=x$とすると、
$DC=6-2=4$(cm)だから、
$6^2-2^2=x^2-4^2$
これより、$x=\pm4\sqrt{3}$
よって、BC=**$4\sqrt{3}$**(cm)
(2)　$x=\sqrt{2}CH=$**$3\sqrt{2}$**(cm)
AH=CHだから、$y=\frac{2}{\sqrt{3}}AH=$**$2\sqrt{3}$**(cm)

続いて、相似と三平方の定理の融合問題です。

問題2

図で，△OABは∠OAB=90°の直角三角形であり，△OCDは，△OABを，点Oを回転の中心として，時計の針の回転と逆向きに90°だけ回転移動したものである。また，E，Fはそれぞれ線分CAとDB，BOとの交点である。

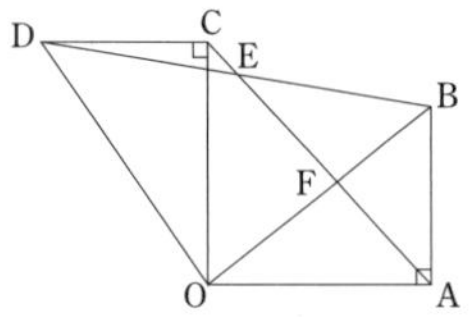

OA=4cm，BA=3cmであるとき，次の問いに答えなさい。

線分FOの長さは何cmか，求めなさい。

（愛知県・改題）

<考え方>

(1)　△BAFと△OCFの相似に注目します。

<解き方>

(1)　∠AOC=90°よりAB//COだから∠BAF=∠OCF、また、∠AFB=∠CFO
よって△BAF∽△OCF だから、BF：OF=AB：CO=3：4
ここで、$OB=\sqrt{AB^2}+\sqrt{OA^2}=\sqrt{3^2+4^2}=5$だから、
$FO=5\times\frac{4}{3+4}=$**$\frac{20}{7}$**(cm)

最後は、図形を折り曲げる問題を見ていきましょう。ここでは、折り曲げた部分が、折り目の線について対称であることがポイントになります。

問題3

図のように，AB=4，AC=$2\sqrt{6}$，∠ABC=90°の直角三角形ABCがある。辺AB上に点D，辺AC上に点Eをとり，線分DEでこの三角形を折り曲げたところ，ちょうど頂点Aが辺BCの中点Mに重なった。このとき，次の各問いに答えよ。

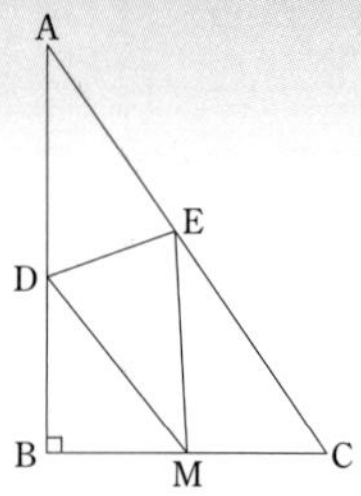

(1)　△ABCの面積を求めよ。
(2)　線分DMの長さを求めよ。
(3)　点Eから辺ABにひいた垂線とABとの交点をHとする。線分EHの長さをaとするとき，BHの長さをaの式で表せ。　（成蹊・改題）

<考え方>

(2)　△DBMに注目して、三平方の定理を用います。
(3)　△AHEと△ABCの相似に注目します。

<解き方>

(1)　$BC=AC^2-AB^2=$
$(2\sqrt{6})^2-4^2=2\sqrt{2}$だから、
$\triangle ABC=\frac{1}{2}\times2\sqrt{2}\times4=$**$4\sqrt{2}$**($cm^2$)
(2)　$DM=x$とすると、AD=DMだから、
$DB=4-x$、また、$BM=\sqrt{2}$
よって、△DBMにおいて三平方の定理より、
$(4-x)^2+(\sqrt{2})^2=x^2$
これを解いて、
$DM=x=$**$\frac{9}{4}$**(cm)
(3)　△AHE∽△ABCより、
AH：AB=EH：CB
すなわち、AH：4=a：$2\sqrt{2}$
これより、$AH=\sqrt{2}a$
よって、BH=**$4-\sqrt{2}a$**

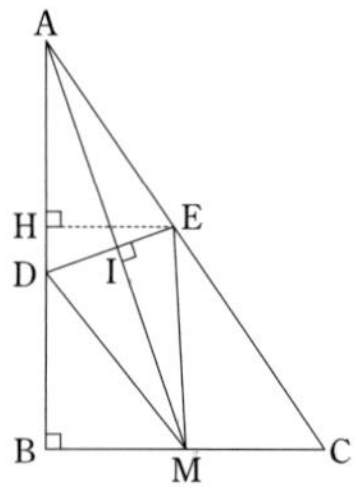

三平方の定理を用いる図形の問題は、線分の長さや面積を求める問題が中心になってきます。その際、相似や円などと融合した問題も多いので、図形の基本定理を活用できるように練習を重ねることが大切です。また、複雑な計算になることが多いので正確な計算力を養うことも心がけていきましょう。

数学

楽しみmath 数学！DX

三平方の定理を用いる問題は図形の基本定理を活用

登木 隆司先生

早稲田アカデミー　城北ブロック ブロック長
兼 池袋校校長

今月は三平方の定理とその応用を学習します。

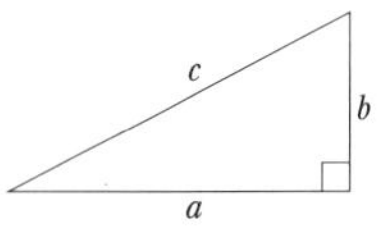

三平方の定理とは、右の図のように、直角三角形の斜辺の長さをcとし、その他の辺の長さをa、bとしたとき、

$a^2+b^2=c^2$　（斜辺の長さの平方は、他の２辺の長さの平方の和と等しい）

という関係が成り立つことをいいます。この定理によって、辺の長さから図形の面積や体積を求めたり、座標平面上の２点間の距離を求めたりすることができるようになります。

初めに、三平方の定理を用いて辺の長さを求める問題です。

問題１

(1)　図１のような，∠BACが鋭角で，AB＝AC＝6cmである二等辺三角形ABCがある。頂点Bから辺ACに垂線BDをひくと，AD＝2cmとなった。このとき，BCの長さを求めなさい。

図1

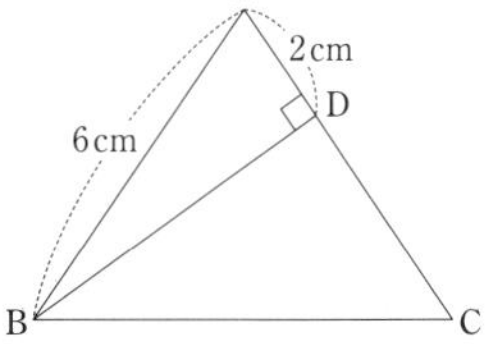

（栃木県）

(2)　図2の△ABCにおいて，x，yの値を求めなさい。

（江戸川学園取手）

図2

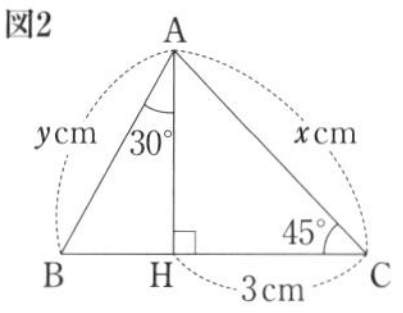

<考え方>

(1)　２つの直角三角形に注目して、三平方の定理を活用します。

(2)　45°の角や、30°、60°の角をもつ直角三角形の３辺は、次のような比になります。

特別な三角形（三角定規）

①　45°の角をもつ直角三角形（直角二等辺三角形）

⇔　辺の比は1：1：$\sqrt{2}$

②　30°、60°の角をもつ直角三角形

⇔　辺の比は1：2：$\sqrt{3}$

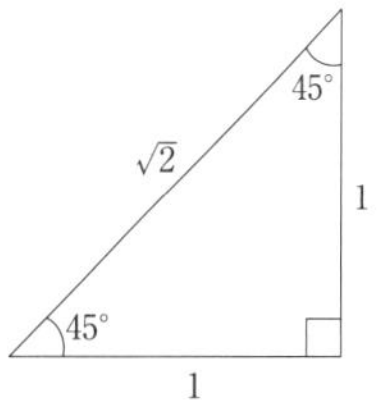

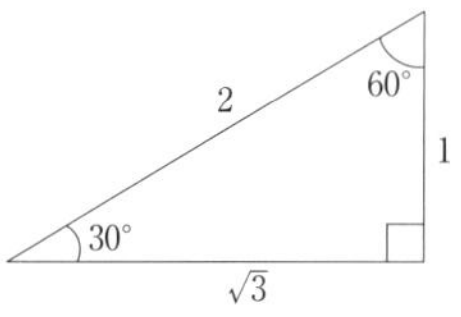

<解き方>

(1)　△ABDと△CBDにおいて、三平方の定理より、

英語で話そう！

川村 宏一先生
早稲田アカデミー　教務部中学課
上席専門職

朝がちょっぴり苦手な中学３年生のサマンサは、父(マイケル)と母(ローズ)、弟(ダニエル)との４人家族。

ある休日の朝、マイケルとローズは早くから出かけており、サマンサとダニエルは２人で食事に行きました。

Waiter　　：May I take your order now? …①
ウェイター：ご注文をうかがってよろしいですか？

Samantha：Yes. I'd like this pancake, please.
サマンサ　：はい。私はこのパンケーキをお願いします。

Daniel　：I'll have this tuna sandwich.
ダニエル：ぼくはツナサンドイッチをください。

Waiter　　：Sure. Would you like something to drink? …②
ウェイター：かしこまりました。なにかお飲み物はいかがですか？

Samantha：Yes. Two glasses of orange juice, please.
サマンサ　：では、オレンジジュースを２杯ください。

Waiter　　：We understand. We will have soon. …③
ウェイター：承知いたしました。すぐにお持ちいたします。

今回学習するフレーズ

解説①　order	「注文、依頼」 (ex) The waiter took our order. 「そのウェイターは私たちの注文を受けた」
解説②　something to 〜	「〜するためのなにか」 (ex) Please give me something to write. 「なにか書くためのものをください」
解説③　understand	「了解する、理解する」 (ex) Do you understand what I say? 「私がなにを言ったかわかりますか？」

めざすのは、咲き誇る未来。

共立女子第二高等学校

The Second Kyoritsu Girls' Senior High School

緑豊かな八王子の丘陵地、旧共立女子大学キャンパスをリニューアルした新校舎への移転が終了し、「教育制度改革」も順調に進む共立女子第二高等学校。進学校の機能を強化しつつ、建学の精神である「自立した女性を育てる」教育をさらに進化させています。

新校舎はすべてがカレッジ水準

平成23年に移転した新校舎内部は、恵まれた自然環境に溶け込むように、いたるところに木の温もりが漂います。職員室のある1号館は各階にオープンスペースが設けられ、休み時間や放課後には生徒が集い、先生にじっくりと質問や相談できる空間になっています。いくつもの校舎に周りを囲まれた、バラ園も広がる美しい中庭。ブラウジングコーナー、文芸図書コーナー、学習閲覧室など、多彩な空間を持つ広い図書館。さらに自習室やランチコーナーなども新たに設置され、生徒一人ひとり、いつもどこかに居場所がある、そんな居心地の良いキャンパスとなっています。

また、ゴルフ練習場や9面のテニスコート、４００ｍトラック・観客スタンドをもつ総合グラウンドなどスポーツ施設も充実しています。

幅広い進路志望に対応する新教育制度

より付加価値の高い「進学校」をめざして、カリキュラム改革も実施しました。高校1年次におけるＳ（標準）クラス・ＡＰ（特進）クラスの分割に加え、高2・高3においては、今まで以上に幅広いコース選択が可能となりました。高2では「文系」「文理系」「特進私立文系」「特進国立文系」「特進理系」の5コース、高校3年では「特進理系」がさらに「特進私立理系」と「特進国立理系」に分かれ、計6コースからの選択となります。

きめ細やかな指導を可能とするこのコース制導入後最初の卒業生を出した今年の大学入試では、主要大学への合格実績に著しい伸びが見られました。昨年との比較では、国公立・早慶上理の合格者が3名から10名に、ＭＡＲＣＨは23名から52名と大幅に増加しました。現役進学率も毎年95%以上となっています。

■主な外部大学合格実績（現役生のみ）の推移

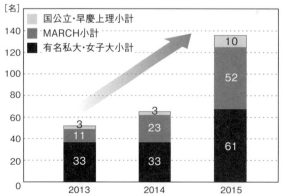

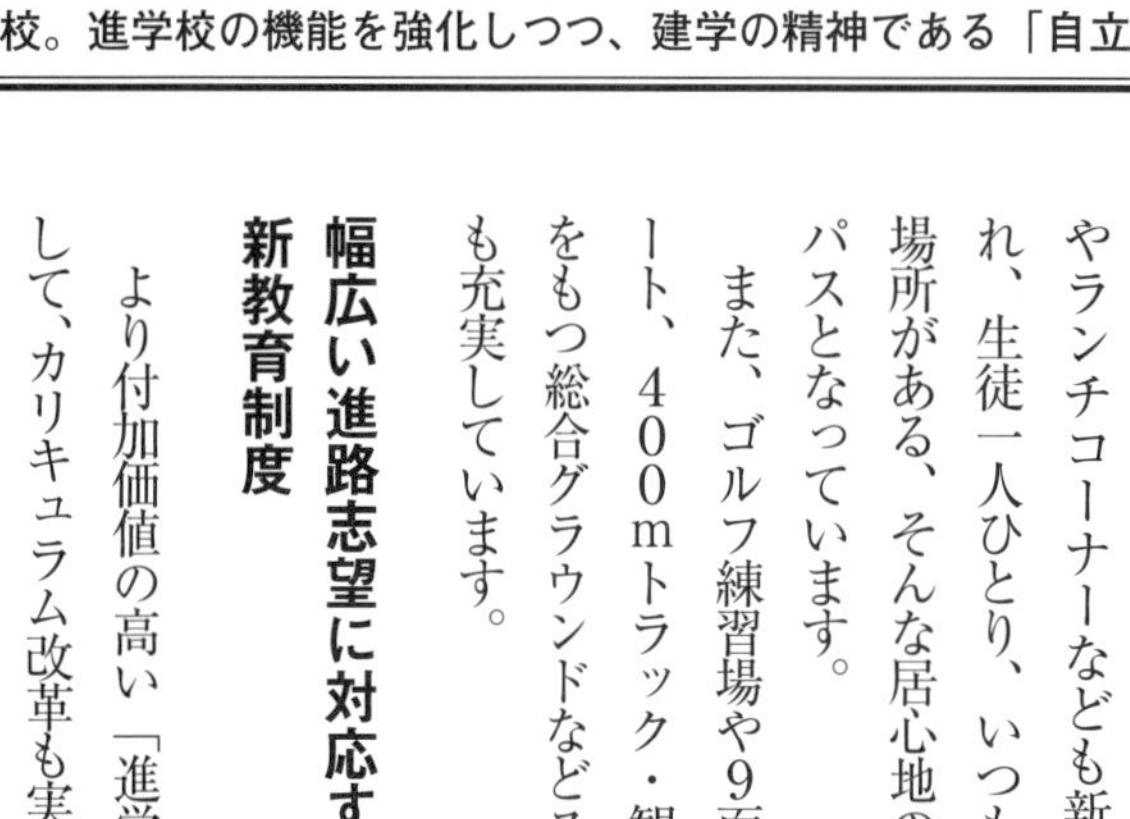

なお共立女子第二は、ほとんどの卒業生が大学・短大へ進学しており、ここ数年、共立女子大・短大と外部大学への進学者の割合はほぼ半々となっています。

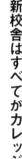

共立女子大学の安定した存在感

共立女子大学は126年の歴史をもつ女子大です。創立時より女性の社会進出を見据え、女性の自立を図ることを目標としてきました。現在においても、歴史と伝統に支えられ、高い就職内定率を誇る、就職に強い大学との評価を得ています。ここ数年の改組・改革により、看護学部や児童学科といった新しい学部・学科を設け、選択の幅を広げています。こうした進化により、共立女子大の人気も衰えることがありません。共立大学への進学を視野に入れて高校から共立女子第二に入学する生徒も少なくありません。

給付奨学金制度
～もう一つのモチベーション

高校入試においては、一般入試の合計得点率により入学金や授業料等を免除する「給付奨学金制度」も設けられています。入学金および授業料・施設設備費を3年間免除するS奨学生をはじめとし、得点率によりいくつかのパターンが用意されています。なお、推薦入試ですでに合格している受験生は一般入試を奨学生選抜試験として受験することができます。特に人数制限もありませんので、基準を満たせば何人でも選出されます。受験に向けてのさらなるモチベーションにして欲しい制度です。

共立女子第二高等学校

〒193-8666　東京都八王子市元八王子町 1-710　TEL：042-661-9952　FAX：042-661-9953

学校説明会

10月31日（土）
11月21日（土）
11月28日（土）
〔14：00～〕
※ 個別相談あり

個別相談会（要予約）

12月5日（土）〔9：00～12：00〕
12月7日（月）～12月9日（水）
〔14：00～17：00〕
1月9日（土）〔14：00～17：00〕

アクセス

※ JR 中央線・横浜線・八高線「八王子駅」南口よりスクールバスで約20分
※ JR 中央線・京王線「高尾駅」より徒歩5分の学園バスターミナルよりスクールバスで約10分

みんなの数学広場

TEXT BY かずはじめ
数学を子どもたちに、楽しく、わかりやすく、使ってもらえるように日夜研究している。好きな言葉は、”笑う門には福来る”。

初級～上級までの各問題に生徒たちが答えています。
どの生徒が正しい答えを言っているか当ててみよう。
もちろん、当てずっぽうじゃなく、実際に問題を解いてみてね。

問題編

答えは次のページ

上級

球（ボール）の半分の形をした入れ物があります。

この入れ物に下から半分の高さまで水を入れたとき、全体のどの程度の量になりますか？

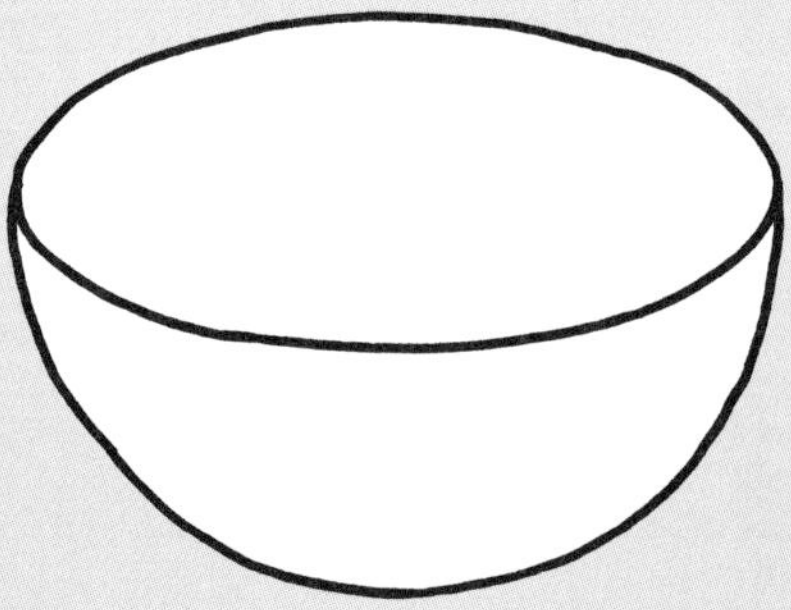

A
答えは…
半分
だって半分の高さだから。

B
答えは…
$\frac{1}{3}$
じつは半分より少し少なくなる。

C
答えは…
$\frac{1}{4}$
半分の半分になりそうな気が…。

中級

ピタゴラス学派の名言です。

“数は○○を支配する”

さあ、この○○に入る文字はなんでしょう。

A
答えは・・・
国家
それっぽくない？
B
答えは・・・
土地
昔はとても大事だったし。
C
答えは・・・
宇宙
すべてを支配する感じがする。

初級

時速40kmで走る車の窓から、車の進行方向と同じ方向に時速40kmでボールを投げたとき、このボールはどのように進むでしょうか。

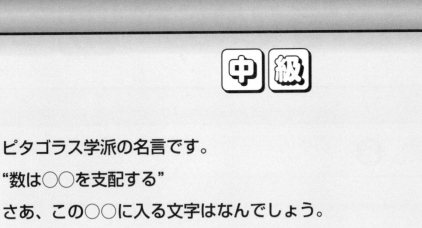

A
答えは・・・
車と同じスピードでしばらくいっしょに動きながらやがて落ちる。
B
答えは・・・
車より早く進むが、やがて車が追いつく。
C
答えは・・・
真上に舞い上がる。

みんなの数学広場 解答編

上級

正解は B

厳密には高校数学の積分を使います。

それによると半径2の半球の入れものの体積は $\frac{16}{3}\pi$。

この半球の入れものに半分だけ水を入れたときの水の量は $\frac{5}{3}\pi$。

つまり、この入れものに半分だけ水を入れると全体の

$\frac{5}{3}\pi \div \frac{16}{3}\pi = \frac{5}{16}$ 倍

つまり $\frac{5}{16} = 0.3125 = 31.25\% \fallingdotseq \frac{1}{3}$ になります。

A ×

それじゃ問題にならないよ！

B 正解

C ×

なんで、半分の半分??

中級　正解は C

ピタゴラスとは、あの「ピタゴラスの定理」を作った有名な数学者です。ピタゴラスは旅行が大好きで、各国を渡り歩き数学やユダヤ教の宇宙論を学んだそうです。

A ×

じつは彼は宗教家でもあったから、それは怖いなあ。

B ×

数学者だけに、土地には強そうだけどね。

C 正解

初級　正解は B

ボールは投げた瞬間、時速40km＋40km＝80kmになりますが、空気抵抗と重力により段々落下しますので、最終的に車がボールに追いつきます。

A ×

まるでマジックだね！

B 正解

C ×

それ、上に投げたでしょ？

多彩な分野を学習
サークルの代表としても
頑張っています

東京大学

工学部
システム創成学科3年
伊藤《いとう》 大祥《ひろあき》さん

班で協力して課題を達成する

――東京大をめざすようになったきっかけはなんですか。

「中学生のころ、教室においてあった『ニュートン』という雑誌を何気なく読んでみたら、宇宙に関する特集が載っていました。それを読んで宇宙に興味がわいたので、先生に、将来NASAに就職するにはどうしたらいいか聞いたところ、まずは東京大をめざしてみたらと言われて東京大を意識し始めました。高校生になって、NASAに入りたいという思いは薄れていきましたが、東京大への憧れは消えず、本格的に合格めざして勉強するようになりました。」

――工学部システム創成学科の特徴を教えてください。

「この学科には、環境・エネルギーシステムコース（A）、システムデザイン＆マネジメントコース（B）、知能社会システムコース（C）の3つのコースがあります。工学部と聞くと、機械を扱うイメージがあるかと思いますが、私が所属するCコースは、文系と理系が融合したようなコースで、経済やデザイン、プログラミングなど、幅広い分野を扱うの

中高時代の勉強

授業ノートがカギ

苦手な社会は、授業で使ったノートを読み込んでいました。先生は「なぜこの地域にこういう建物が建てられたのか」など、物事の関連性を筋道を立てて説明してくれますし、板書用に要点をまとめてくれるので、それらを書き込んだノートをよく読めば、記述問題にも対応できました。

あとはひたすら過去問を解きました。最初は50点くらいしかとれなくても、次第に点数がとれるようになっていきました。

洋画好きが高じて

洋画が好きで、自分も外国の俳優のように英語を話せるようになりたいと英語の勉強に時間を費やしていたら、いつの間にか得意科目になっていました。授業の予習・復習はもちろん、洋画を見ていてわからない単語があったら調べてみたり、台詞をまねてみたりもしていました。また、英語は話さないとうまくならないので、自分で例文を作ったら発音までするように心がけていました。英語は、やればやるほど上達するのでやりがいがありますね。

大学生活エトセトラ

200人を束ねる

ストリートダンスサークルの代表を務めています。まだ創部5年目で

ヒップホップはラップの曲に合わせて踊ります

伊藤さんとヒップホップジャンルのみなさん

が特徴です。また、開発された技術の仕組みを研究するよりも、それが社会でどう活かされているかということを重点的に学んでいます。」

――どんな講義がありますか。

「『プロジェクト』という講義は、３～５人の班ごとにアイディアを出しあいながら、さまざまな課題に取り組みます。例えば、『ＧＰＳを使った便利なサービスを開発する』という課題では、まずタクシーにつけたＧＰＳを活用して、車がよく止まる場所のデータを集めました。それと地図を連携させて、観光ガイドブックに載っていないような穴場スポットを発掘できるサービスのプログラミングを作成しました。

そのほかにも、課題が『生活で役立つ商品を新しく企画する』という回では、発泡スチロールや段ボールなどを使って、缶の飲み物につけるふたを作ったり、『制限時間内にミニチュアの工場を作成する』という課題では、設計図の作成から始まり、タンクや水道管など、工場を細部まで再現しました。各課題の集大成として、プレゼンテーションも行います。ＧＰＳの課題のときは英語でプレゼンしたので印象に残っています。このような講義はいままで体験したことがないので、色々なことが学べて楽しいです。

難しい講義はプログラミングを学ぶ講義です。得意な友だちがいるので、その子に協力してもらいながらなんとかついていっています。」

――東京大の学生の雰囲気はどうですか。

「勉強よりサークルなどに力を入れていそうに見えても、じつは学業を最優先に考えていて、しっかり勉強している人が多い気がします。

おもに１・２年が通う駒場キャンパスと、３・４年が通う本郷キャンパスでは雰囲気も違います。本郷は学生も落ち着いていて、なんだかみんな頭がよさそうに見えるんです。敷地内もとても広くて、カフェやレストラン、24時間営業のコンビニもあって便利です。一方、赤門や安田講堂といった有名な建物の雰囲気にはいまでも時々、圧倒されます。」

――卒業後はどんな進路を考えていますか。

「このコースは理系では珍しく、卒業後は就職する人が多いんです。でも、私は大学院に行きたいので、就職は考えていません。エネルギー関連に興味が出てきたので、それらについて学べたらいいですね。」

受験生へのメッセージ

すが、部員数約２００人の大規模なサークルで、ヒップホップをはじめ、色々なジャンルが存在します。発表の場は学園祭や新入生歓迎会、サークル主催のイベントをクラブで行ったりもします。

普段の練習は大体屋外です。食堂がガラス張りなので、その前でガラスに映った自分の姿を確認しながら踊ったりもします。１００人くらいが一気に並んで練習することもあるので、結構迫力があると思います。講演が近づくと自分たちでスタジオを借りることも。なぜかスタジオ練は深夜にやるのが恒例なんですが、体力的に厳しいので苦手です（笑）。

ライバルを作る

おすすめしたいのが、ライバルを作ることです。私の学校では定期テストの成績が張り出されていたので、それを見て、成績が自分と同じくらいか少し上の人を勝手にライバルに設定していました。そして次のテストではその人より上位になろう、という気持ちで勉強していました。それが勉強を頑張る原動力になったし、具体的な目標にもなってよかったです。成績がかなり上の人だと、負けても仕方ないという気持ちになってしまうので、あくまでも競いあえる位置にいる人をライバルにすることがポイントです。

開智高等学校

あなたにあった学びのフィールドは？
～コース制・特待生・入試日程～

来年度入学生から開智高校は「3コース制」になります。東大・京大・国立医学部を目指す「Tコース」、難関国立大学を目指す「Sコース」、そして自分の意志で高校生活をデザインできる「Dコース」。あなたはどのコースで学びますか？

1　コースの特徴

「**Tコース**」「**Sコース**」は、いずれも最難関国公立大学に合格する学力を養成することを目的としています。したがって各教科の3年間の学習内容を精査し、いつ、どのような学習を行うことがより効果的かを考えてカリキュラムが編成されています。

「**Tコース**」は、東大・京大・国立医学部を目指す生徒で編成されます。中学校卒業段階での学習習熟度が極めて高く、また進路目標が明確になっている生徒が集まります。基本的な学習をおろそかにすることは決してありませんが、基礎的学習を踏まえた「探究型」の学習が中心となるコースです。

「**Sコース**」は、難関国公立を目指す生徒が集まるコースです。したがって3年間にわたって5教科の学習をバランスよく行います。各教科の学習はハイレベルなものとなりますが、開智高校は「サポートシステム」がとても充実しているため、仮に授業中に理解が不十分であったとしても、その日のうちに解決することができるようになっています。

「**Dコース**」は、教科書や副教材などは、原則として「**T・Sコース**」と同じものを使用しますが、他のコースに比べてじっくり学習します。また、志望大学を私立大学に絞った生徒のために、3年次では多くの「自由選択科目」を設定したカリキュラムになっています。このことにより学習教科・科目を絞った時間割で学習することができるようになっています。

2　特待生制度

入学試験で成績優秀な生徒に対して特待生の認定をしています。特待生のランクは「T特待生」「S特待生」「A特待生」および「準特待生」の4段階です。

TおよびS特待生には「入学金＋52万8千円」、A特待生には「入学金＋31万円」、準特待生には「入学金」がそれぞれ給付されます。

SおよびA特待生は2年次以降の継続については審査がありますが、T特待生は3年間

◆特待生制度

種類	初年度給付金	2年次以降の給付額
T特待	778,000円（入学金＋528,000円）	528,000円（3年間継続）
S特待	778,000円（入学金＋528,000円）	528,000円（審査を経て継続可）
A特待	560,000円（入学金＋310,000円）	310,000円（審査を経て継続可）
準特待	250,000円	

※特待生でも国の就学支援金の支給対象になります。

◆入試説明会・個別相談会（説明時間約90分、個別相談約15分）

10月24日	土	10：00～	13：30～	10：00～16：30
11月21日	土		13：30～	
11月22日	日	10：00～	13：30～	
12月19日	土	10：00～		

※個別相談会の申込みはインターネットで9月1日より受付けています。

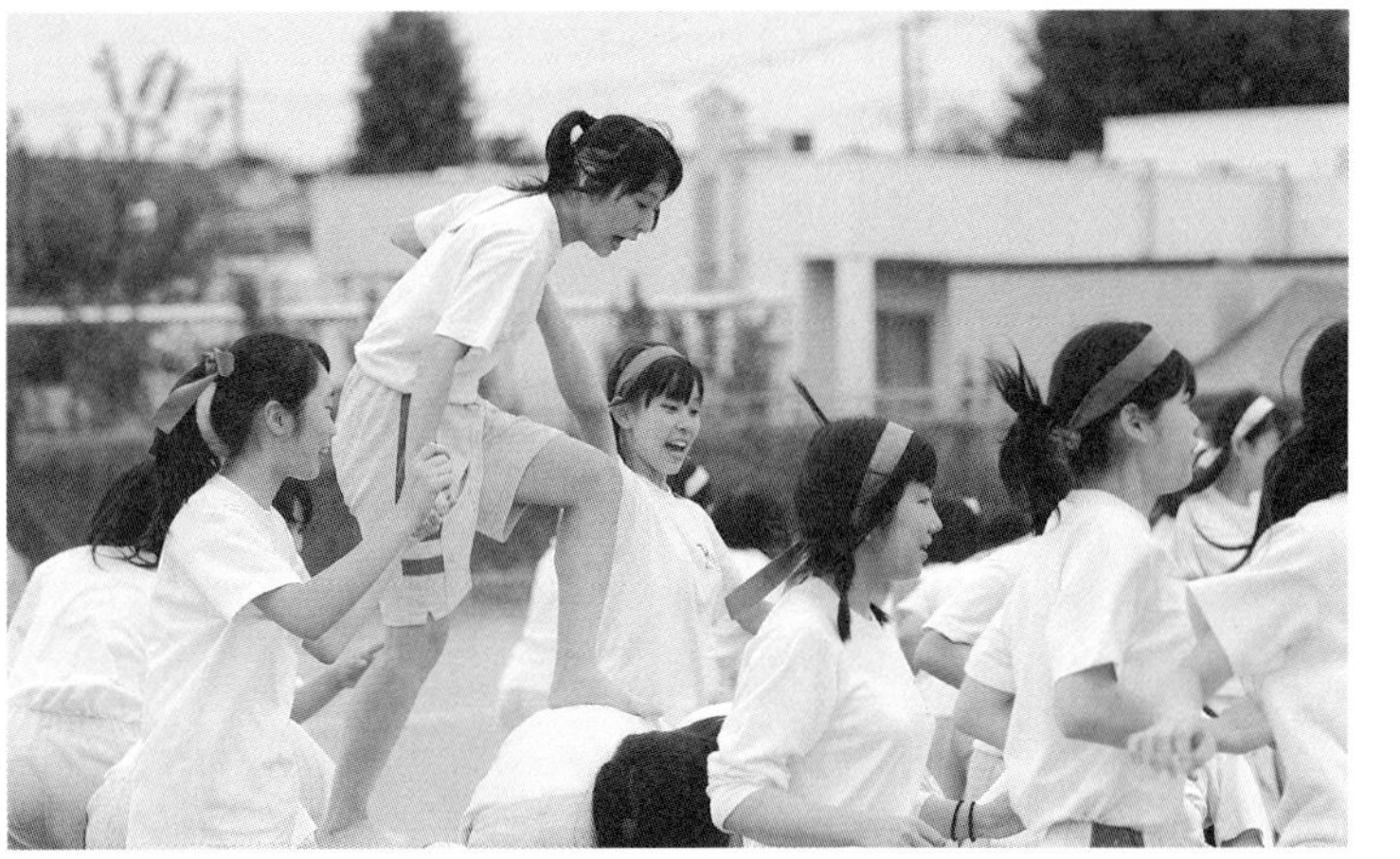

の給付継続が保障されます。なお、特待生はTコースあるいはSコースで学習することになっています。

また、特待生としての認定は単願・併願のどちらの受験生に対しても認定しますが、特に**単願受験生を優遇して判定**します。

3　特待生と就学支援金

現在、私立高校に通学する生徒については国からの就学支援金（年収約910万円未満の家庭に対して、年間11万8800円が支給）が支給されていますが、この就学支援金は特待生であっても受け取ることができます。その結果、T特待生およびS特待生の場合、県立高校よりも家庭への経済的負担は少なくなります。

4　入学試験の日程と仕組み（加点制度と優遇措置）

開智高校の入試は第1回（1月22日）、第2回（1月23日）、第3回（1月24日）の3回実施されます。学力検査は国語・数学・英語の3教科について記述式・選択式併用方式で行われます。面接試験は単願受験生のみに実施します。

3回行われる試験について、どの試験を受けるか、また何回受けるかは各自で判断できます。試験日による有利不利はありません。ただし単願受験生は面接試験が行われる第1回を必ず受験することになります。

合否の判定はそれぞれの試験回ごとに行い、全ての生徒に対して全てのコースの合否判定および特待生の判定を行います。したがって複数回受験した場合には、その分だけチャンスが広がります。

また複数回受験した場合には、受験したそれぞれの回の得点に10点が加算される優遇措置が採られます。

このように、開智高校の入学試験には受験生のみなさんが十分に実力を発揮できるような仕組みと、いろいろな優遇措置がありますので、これらのメリットを最大限に生かしたチャレンジをして下さい。

開智高校は最後まであきらめずに、挑戦し続ける受験生を応援しています。

【私の高校選び】

「自分で考え行動することの大切さ」

開智高校2年　根岸　青葉
（さいたま市宮前中学校出身）

自分は、「将来どのような職業に就き、どのような人間になりたいのだろう？」まだはっきりとした考えのないまま出席した開智高校の学校説明会でした。

そこでは、進路指導に関する資料データや学校の方向性についての説明が行われました。

確かに最初はその内容に驚き、ただ凄いと思うばかりでしたが、話を聞いているうちに、きめ細かい丁寧な進路指導やその方針に戸惑いが無くなり、この学校であれば自分の将来をしっかり決めることができると確信しました。

開智高校には「自分で考え、自分で判断し、自分で決め、自分の責任で行動する」という行動指針があります。自分の意志をしっかりと持ったうえで高校を選ぶことを皆さんも心掛けて下さい。

KAICHI

開智高等学校

高等部（共学）

〒339-0004
埼玉県さいたま市岩槻区徳力西186
TEL 048−794−4599（企画広報室）
http://www.kaichigakuen.ed.jp/
東武アーバンパークライン（東武野田線）東岩槻駅（大宮より15分）徒歩15分

2名のネイティブ専任教員から
世界で通用する英語を学び
世界レベルでの自己実現を目指す

多摩大学目黒の英語教育の大きな目標の一つは
世界中で必要とされる日本人を育てることです。
英会話を指導する2名のネイティブ専任教員は
それぞれイギリス出身とアメリカ出身。
微妙に異なる表現やアクセントも経験することで
世界中に通用する英語を習得します。
さらに希望者にはアメリカとニュージーランドへの長期・短期留学制度が用意されており、
世界規模で物事を考えることのできる広い視野と
世界を相手にしっかり「交渉」できる
コミュニケーション力を磨きます。
これらの経験と能力は10年後、20年後に
社会人として国内でも海外でも常に必要とされる
人物であり続けるための確固たる土台となります。

写真上：フィリップ・チャンドラー教諭（イギリス出身）
写真下：デイヴィッド・ワイウディ教諭（アメリカ出身）

目黒キャンパスに新校舎完成！

より快適な学びの環境と設備が整った新校舎が目黒キャンパスに完成しました。電子黒板等最新のICT教材が導入された教室やカフェテリアが、文武両道の学校生活をサポートします。

●高校受験生・保護者対象学校説明会 予約不要

10/24㊏ 14:30～　**12/ 5㊏** 14:30～

11/ 7㊏ 14:30～

※お車でのご来校はご遠慮ください。

●2016 年度生徒募集要項

	推薦入試	一般入試
募集人員	普通科　男女30名	普通科　男女120名 （併願優遇受験生を含む）
出願期間	1月15日（金）～1月16日（土） 9:00～15:00	1月25日（月）～2月5日（金） 9:00～15:00
試験日時	1月22日（金） 8:30集合	2月10日（水）または11日（木） 両日共に8:30集合
試験科目	作文・面接	午前：学力試験（国語・数学・英語） 午後：面接
合格発表	1月23日（土） 11:00～12:00 本校受付窓口	2月12日（金） 11:00～12:00 校内掲示

明日の自分が、今日より成長するために…

多摩大学目黒高等学校

TAMA University MEGURO High School

〒153-0064 東京都目黒区下目黒 4-10-24　TEL. 03-3714-2661

JR 山手線・東急目黒線・都営地下鉄三田線・東京メトロ南北線「目黒駅」西口より徒歩 12 分
東急東横線・東京メトロ日比谷線「中目黒駅」よりスクールバス運行

多摩大学目黒　検索　http://www.tmh.ac.jp　携帯サイト：http://www.tmh.ac.jp/mobile

Bungou Retsuden 古今文豪列伝

第12回

幸《こう》田《だ》露《ろ》伴《はん》 *Rohan Koda*

前回みた尾崎紅葉と「紅露時代」を築いたといわれる幸田露伴は、1867年（慶応3年）、江戸・下谷（現東京都台東区）に幕臣の子として生まれた。

東京師範学校付属小（現筑波大附属小）から東京府一中（現都立日比谷高）に進んだ。一中では尾崎紅葉らと同級だったんだ。

一中を中退したのち、東京英学校（現青山学院）に進んだけど、ここも中退。逓信省《ていしんしょう》（現総務省）の電信学校を卒業して、電信技師として一時は北海道に赴任したりした。

このころ、坪内逍遙の小説に出会って、文学を志すようになったといわれている。

電信技師を辞めた露伴は東京で父の紙店を手伝いながら、作品を書き始め、1889年（明治22年）、『露団々《つゆだんだん》』を『都の花』に発表、同年の『風流仏』が出世作となった。1891年（明治24年）11月から翌年3月まで新聞『国会』に連載した『五重塔《ごじゅうのとう》』が国民的な人気を博し、作家としての地位を確立したんだ。

露伴は中国文学や仏教に通じていて、初期の作品にはロマン的な面と東洋的な面が絡みあったものが多いとされている。

その後、『新浦島《しんうらしま》』『ひげ男』『新羽《しんは》衣《ごろも》物語』『風流魔』『一口剣』『二日物語』『椀久《わんきゅう》物語』などを次々と発表した。『紅露時代』といわれたのはこのころだ。

しかし、日露戦争（1904～1905）を契機として小説の筆を執《と》ることをほとんどやめてしまい、史伝や考証に没頭するようになっていった。『頼朝』『名和長年』『蒲生氏郷《がもううじさと》』『平将門』等の史伝をものした。1919年（大正8年）には代表作となる『運命』を『改造』創刊号に発表している。

また、道教の研究のパイオニアでもある。一時期、京都大の国文学の講師を務めたこともあるんだ。

1937年（昭和12年）には日本画の横山大観らとともに第1回の文化勲章を受章、帝国芸術院会員にも選ばれている。

戦後の1947年（昭和22年）、移り住んだ千葉県市川市で亡くなった。満80歳だった。

次女の幸田文《あや》は小説家で随筆家、その娘の青木玉《あおきたま》も随筆家、さらにその娘、すなわち露伴のひ孫である青木奈緒もエッセイスト。露伴の血を濃厚に受け継いでいるといえるね。

今月の名作 ～幸田露伴 『五重塔《ごじゅうのとう》』～

『五重塔』
400円＋税
岩波文庫

のっそり十兵衛といわれる、腕は確かだが偏狭な性格の大工が、東京・上野の五重塔を作りあげる物語。主人公の理解者にしてライバルの源太や主人公を精神的に助ける朗円上人との人間関係を描く。完成した五重塔が暴風雨に耐える描写は評価が高い。

あれも日本語 これも日本語

「秋」の入った四字熟語

今回は「秋」の入った四字熟語についてみてみよう。

まずは「一日千秋」。千秋とは１０００回の秋のことで１０００年を意味する。したがって1日が１０００年にも長く感じられること。そこから、時間が経つのがとても長く感じられるほど待ち遠しいことだ。「合格の連絡を一日千秋の思いで待っていた」などと使う。もとは「一日三秋」から出た言葉とされる。

「秋霜烈日《しゅうそうれつじつ》」は秋の冷たい霜と夏の激しい太陽という意味で、そこから刑罰などが厳正に行われることを意味する。日本の検察官のバッジは「秋霜烈日バッジ」と呼ばれ、法の厳正適格な執行をシンボルとしているとされる。

「中秋名月《ちゅうしゅうのめいげつ》」はよく聞くよね。中秋とは本来は仲秋。旧暦の1、2、3月が春、それぞれ伯春、仲春、叔春という。夏は4、5、6月で伯夏、仲夏、叔夏。秋は7、8、9月でそれぞれ伯秋、仲秋、叔秋。冬は10、11、12月で伯冬、仲冬、叔冬。だから、中秋は旧暦8月のことで、旧暦は太陰暦だから満月の日は15日。中秋の名月は旧暦8月15日の満月のことだ。十五夜だね。空気が澄んで、月がとても美しく見える季節。今年は9月27日だ。

「秋風落莫《しゅうふうらくばく》」は秋風が吹くもの悲しい状態、という意味で、勢いがなくなって寂しい状況であることを意味する。最近はあまり使われない熟語だけど、「年をとって衰え、秋風落莫だ」なんて使われた。

「千秋万古《せんしゅうばんこ》」は「万古千秋」ともいう。千秋とは１０００年のこと、そして万古は永遠という意味だ。そこから永遠のことをさす熟語だよ。「富士山の姿は千秋万古変わらずに美しい」などと使う。

「晴雲秋月《せいうんしゅうげつ》」は晴れた空の雲、秋の明るい月ということで、とても澄んだ様子、あるいは心にわだかまりがない澄んだ心という意味。

「春秋筆法《しゅんじゅうひっぽう》」。「春秋」とは論語で有名な孔子が編んだとされる中国の戦国時代の書物。その書き方から出た熟語だ。厳しい批評的な書き方をいう場合もあるし、細かいことを書きながら、じつは大局的な内容を表現する場合にも使われる。「彼の書き方は春秋の筆法だ。細部を書いているようだが、全体を把握している」などと使うんだ。

ミステリーハンターQの歴男歴女養成講座

ミステリーハンターQ（略してMQ）
米テキサス州出身。某有名エジプト学者の弟子。1980年代より気鋭の考古学者として注目されつつあるが本名はだれも知らない。日本の歴史について探る画期的な著書『歴史を掘る』の発刊準備を進めている。

春日 静
中学１年生。カバンのなかにはつねに、読みかけの歴史小説が入っている根っからの歴女。あこがれは坂本龍馬。特技は年号の暗記のための語呂合わせを作ること。好きな芸能人は福山雅治。

山本 勇
中学３年生。幼稚園のころにテレビの大河ドラマを見て、歴史にはまる。将来は大河ドラマに出たいと思っている。あこがれは織田信長。最近のマイブームは仏像鑑賞。好きな芸能人はみうらじゅん。

院政

天皇に代わって、上皇が政治を行う「院政」。平安時代に摂関政治から院政へと移る流れを学ぼう。

静 平安時代、院政が行われた時代があったのね。院政についてもっと詳しく勉強したいな。

MQ 院政とは、天皇が譲位したのち、上皇（出家すると法皇）となって政治を行うことだ。

勇 平安時代は摂関政治だから、藤原氏が実権を握っていたんじゃないの？

MQ 平安時代の後期、１０８６年（応徳3年）、白河天皇は息子の8歳の堀河天皇に譲位し、自らは上皇として政治を行ったんだ。

静 白河上皇はどうして院政を行ったの？

MQ 藤原氏の力があまりに強くなったために、藤原氏の荘園を整理して、政治の実権を取り戻そうとしたんだ。

勇 院政を行う条件が整ったというわけ？

MQ 白河上皇の父、後三条天皇の母は皇族で、１７０年ぶりに藤原氏の外戚を持たない天皇だった。後三条天皇は荘園整理令を出して藤原氏の抑制を図った。白河上皇はその政策を引き継いでいったんだ。

静 政策は、具体的にはどういう内容だったの？

MQ 上皇は院と称し、院庁《いんのちょう》を置き、そこで政治を行い、院宣《いんぜん》という上皇あるいは法皇の命令書を出して、荘園の管理、整理、租税徴収などを行ったんだ。

勇 ということは、その当時、院宣は摂関家の命令よりも重視されたってこと？

MQ 地方貴族、武家などには藤原氏への反発もあって、院宣は強い効力を持つようになった。

堀河天皇は若くして亡くなったけど、その次の鳥羽天皇は4歳で即位し、その後、成人してから譲位して、やはり院政を行った。

鳥羽上皇は平氏を登用して藤原氏の勢力を押さえにかかったことでも有名だ。

静 藤原氏は対抗できなかったのかしら。

MQ １１５６年の保元の乱は崇徳《すとく》上皇と後白河天皇、藤原忠通《ただみち》と弟、頼長の勢力争いで、天皇家も藤原氏も分裂傾向にあったんだ。保元の乱は後白河天皇派が勝利し、後白河天皇はその後、5代にわたって院政を行う。

しかし、政権は平氏に移り、後白河法皇と平氏は対立、さらには源平の争乱を経て鎌倉幕府が成立すると、院政の意味はなくなってしまうんだ。

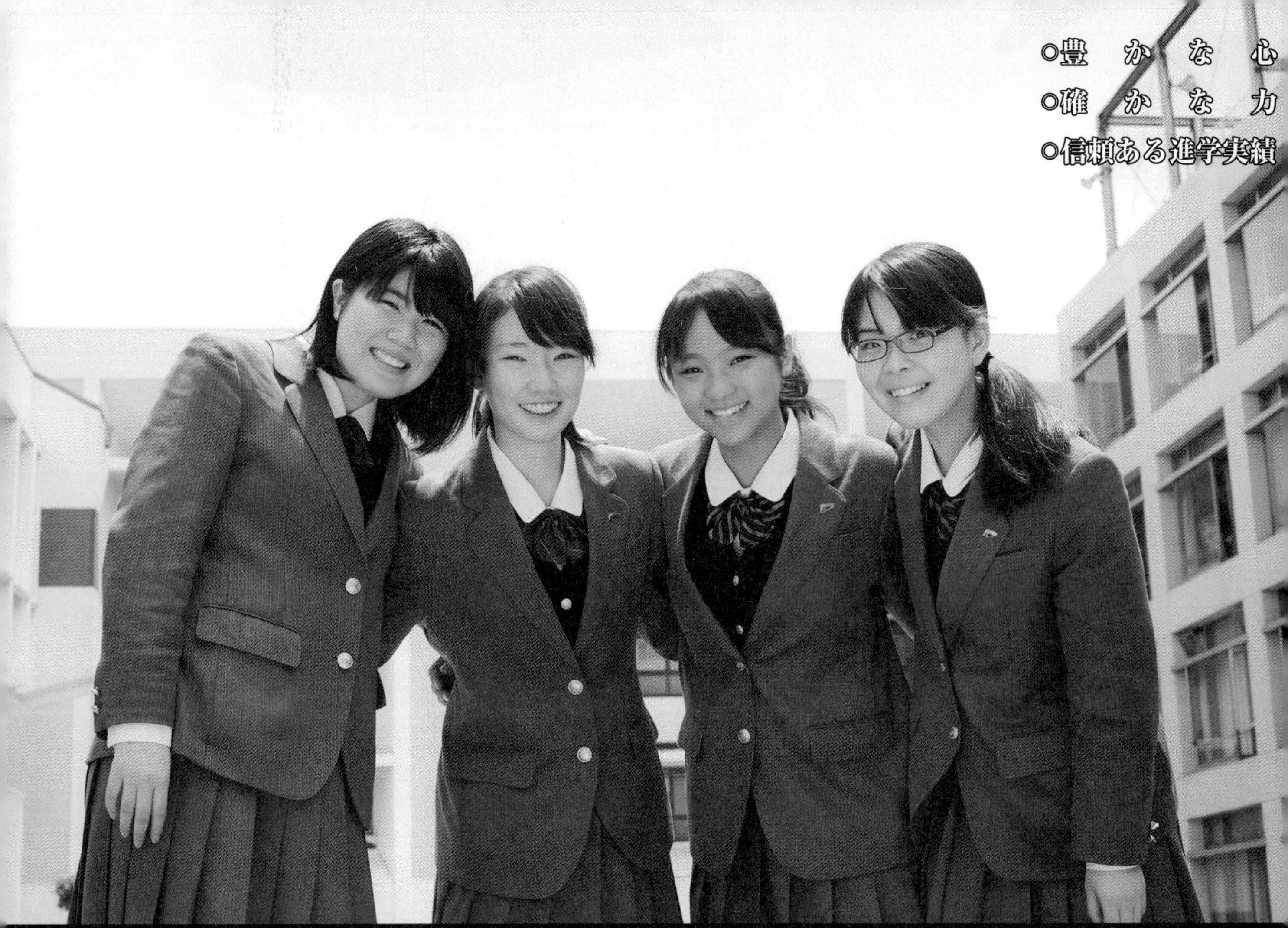

系列の武蔵野大学に薬学・看護・教育学部他、多数内部進学枠あり。

■ 学校説明会

第５回　11/21（土）13：30〜15：00
第６回　12/ 5（土）13：30〜15：00

■ オープンスクール ※要予約

10/31（土）13：30〜15：00

■ 個別相談会 ※要予約

11/14（土）10：00〜15：00
11/28（土）　9：00〜12：30
12/12（土）
12/19（土）
12/26（土）
各回 10：00〜15：00

■ 2016年度入試要項（概要）

	推薦入試			併願優遇入試（東京・神奈川）			一般入試		
コース	特進	グローバルリーダー	進学	特進	グローバルリーダー	進学	特進	グローバルリーダー	進学
募集人員	15名	15名	35名	10名	10名	30名	5名	5名	5名
試験日	1月22日（金）単願・併願推薦 1月23日（土）併願推薦			2月10日（水） 2月11日（木・祝）					
出願期間	1月15日（金）〜1月18日（月） 9：00〜16：00			1月26日（火）〜試験前日 9：00〜16：00					

千代田女学園高等学校

CHIYODA

〒102-0081 東京都千代田区四番町11番地　電話03（3263）6551（代）
●交通＜JR＞市ヶ谷駅・四ツ谷駅（徒歩7〜8分）
＜地下鉄＞四ッ谷駅・市ヶ谷駅（徒歩7〜8分）/半蔵門駅・麹町駅（徒歩5分）

http://www.chiyoda-j.ac.jp/

サクニュー！ニュースを入手しろ!!

SUCCESS News

産経新聞編集委員 **大野敏明**

今月のキーワード
強制起訴

検察庁が不起訴とした事件について検察審査会が２度にわたって「起訴すべきだ」と議決した場合、裁判所が指定した弁護士が検察官役となって被疑者を起訴します。これが強制起訴です。

事件や事故が起こり、被疑者が逮捕などされると、通常は検察庁が裁判所に公判を請求します。これが起訴です。裁判をやって有罪か無罪かを決め、有罪であれば刑罰を決めるわけです。しかし、検察庁が、事件性がないとか、事件性はあるが公判請求するほどのことではない、と判断すると、不起訴となります。不起訴は裁判が開かれないので、事実上の無罪です。これに対し、一般市民などの第三者が「起訴すべきだ」と考えれば、検察審査会に申し立てて、審査をしてもらうことができます。

検察審査会は一般の人から選ばれた11人で構成し、このうち８人以上が「起訴」に賛成すれば、「起訴相当」となります。それでも検察庁が起訴しなければ、メンバーを入れ替えて、再び検察審査会が審査をし、改めて２度目の「起訴相当」の決定をすると強制起訴となります。検察審査会は1949年（昭和24年）に発足しましたが、現在のような強制性を伴う制度になったのは2009年（平成21年）からです。この制度は一般の人の考えや感情を裁判に生かそうと始められました。

強制起訴となった事件は、2010年（平成22年）の兵庫県明石市の歩道橋事故、同年のJR福知山線の脱線事故、2011年（平成23年）の小沢一郎代議士が被告となった陸山会事件、そして今年７月の東京電力の旧経営陣に対する、東日本大震災による原発事故の責任を問うものなど、これまで９件あります。９件のうち２件は有罪が確定しています。２件は無罪が確定、３件は上告中、１件は公訴棄却となっています。９件目が東京電力の事件で、これから裁判が始まります。

東京電力の件は、検察官が「津波の予見は困難で刑事責任は問えない」と不起訴にしたことに対し、一般の人から、「東電があらゆる安全対策を講じていれば事故は防げた」として、検察審査会に「起訴」を求めたものです。今回の強制起訴により検察官役の弁護士が指定され、公判が開かれることになります。検察官役の弁護士は証拠を集め、被告人の有罪を証明しなくてはなりません。どのような公判となり、そしてどのような判決になるか注目されます。

⬆PHOTO
東京電力福島第１原子力発電所事故をめぐり、東電旧経営陣を「強制起訴」とした検察審査会の議決内容を掲げる弁護士ら（2015年7月31日東京・霞が関の東京地裁前）写真：時事

三田国際学園高等学校

MITA International School

School Information

Address
東京都世田谷区用賀2-16-1

TEL
03-3707-5676

Access
東急田園都市線「用賀駅」徒歩５分

URL
http://www.mita-is.ed.jp/

SEC、SSC、RC。3つのコースで生徒の夢を叶える

スーパーイングリッシュコース（SEC）、スーパーサイエンスコース（SSC）、本科コース（RC）という、生徒のめざす目標に応じた3つのコースを設定している三田国際学園高等学校。英語教育などの強みは活かしつつ、コースごとに個性的な教育が展開されています。

グローバル時代に必要な学力や思考力、創造性、コミュニケーション力を身につける「世界標準」の教育を行っている三田国際学園高等学校（以下、三田国際）。

「スーパーイングリッシュコース」（SEC）、「スーパーサイエンスコース」（SSC）、「本科コース」（RC）の3コースを設置することで、生徒それぞれの夢への道をサポートします。この特徴的な3つのコースについてご紹介しましょう。

英語の授業は週10時間 必修の留学制度も魅力

SECは、週10時間という他校でもあまり例を見ない英語の授業数を確保。そのうち、1〜3年生まで5時間ずつ設定されている「コミュニケーション英語」は、ネイティブスピーカーと日本人教員によるチームティーチングです。彼らとの対話を中心に、英語の4技能（読む・書く・聞く・話す）をバランスよく学ぶことができます。授業では話す力、アウトプット力を高めることに力点が置かれており、コミュニケーションツールとしての英語力をしっかりと身につけていきます。

また、英語は習熟度別授業の形をとっており、帰国子女らを中心とした「アドバンストクラス」は、オールイングリッシュで授業が進められます。

SECの一番の特徴は留学制度です。短期か長期のどちらかを必ず選択する形で、短期は2年次の夏休みに3週間、長期は1年次の冬から1年間となっています。

短期はアメリカのカリフォルニア大学デービス校で（2015年度）、世界各国から集まる学生と交流したり、現地で働く日本人のもとを訪問したりして知見を広め、最後は自分自身の夢・目標について英語でプレゼンテーションを行います。

長期はニュージーランド・ウェリントンに滞在し、ホームステイ先から現地校に通学する形です。多感なこの時期に、1年間という長いスパンで外国で学ぶさまざまな経験は、語学力の面はもちろんのこと、異文化を体験するという面でも、多くのものをもたらしてくれるでしょう。

留学中の単位は互換されるため、留学から戻ったあとは、もとの学年に入り、そのまま3年生に進級することが可能です。

そして、国際教養系の大学・学部、さらに海外の大学への進学も視野に入れた進路指導がなされています。

アウトプットを重視しているSECの英語授業

ハイレベルの設備と 多くの実験が探究心を育てる

SSCは、理系人材を育てるため

のコースで、数学・理科が2年生から10時間ずつあります。1年次に生物・化学・物理の基礎知識と実験技術を身につけ、2年次からは専門分野の追究を通して科学的思考力を高めていきます。

とくに理科では、実験を重視した授業のなかで、実際に生徒たちが見て、触れて、体験することで、ただ教科書の内容を覚えるだけとは違う学習を展開しています。

また、研究者としての素養を養う学習プログラムに、1年次の1学期から取り組む「基礎研究」があります。少人数グループで研究テーマを選び、夏休みに実験を行ったり、関連のある最先端の英語の科学論文を読んだりしながら研究内容をまとめ、秋の学園祭で発表を行います。

サイエンスラボで探究心を育むSSC

こうした授業を進めるための施設が「サイエンスラボ」です。各種実験室や、バイオ操作系の研究が可能な「カルチャーラボ」といった、大学の研究室で使用するような高性能実験機器や電子黒板を備え、整備されたWi-Fi環境のなかで、ICTも活用しています。

このように、SSCは、理系に興味を持つ生徒にとって最適な教育環境が用意されているコースですが、だからといって文系科目が軽視されているわけではありません。将来、論文作成で必要となる英語は各学年とも週に8時間ありますし、国語の時間数も確保されています。

希望進路に合わせた柔軟なカリキュラム

RCは、国公立大学・難関私立大学を希望進路に応じて文系・理系を選べるコースです。

1年次は各科目をまんべんなく学びながら、三田国際の特徴の1つである相互通行型授業を盛んに行い、思考力をつけていきます。2年次からは、希望進路に合わせて文系・理系に分かれ、そのなかで選択・自由科目を取り入れながら、それぞれの進路に対応できる学力を身につけていきます。

ICTも積極的に取り入れながら相互通行型授業に取り組む

ただ、そこはやはり三田国際。RCでも英語の授業は8時間確保されており、英語教育に力点が置かれているのは、2年で文系・理系どちらに進んでも変わりません。

「SEC、SSCに今年入学した生徒に関しては、両コースの教育内容をよく理解して、SECであれば留学がしたい、SSCであればこんな研究がしたい、といった目的意識を持って入学してきた生徒が多いです。

そういう生徒は将来の夢、目的も明確に持っているので、何事にも積極的で、授業、部活動、行事も一生懸命取り組んでいます。男女ともそうした生徒たちが前向きな雰囲気、ムードを作りだしてくれています。

RCも、自分の進路に合わせて幅がある選択ができるので、自らが本気で求めていこうとすれば、どこまでも力がついていく環境になっています」と、広報部長の今井誠先生は話されます。

英語教育、相互通行型授業を通した思考力の育成といった新しい学びの特徴を活かしながら、生徒それぞれの目標に合った教育を、3つのコースで提供している三田国際学園高等学校。

2016年度入試でも多くの注目を集める1校になることは間違いなさそうです。

学校説明会

すべて10:00〜

・学園祭
10月31日(土)
11月1日(日)

・高校説明会
11月28日(土)
12月5日(土)

学校説明会・個別相談

① 校舎・施設見学　② 全体会開始

10月25日〔日〕 ①14:00 ②14:30	11月 1 日〔日〕 ①14:00 ②14:30	11月 7 日〔土〕 ①14:00 ②14:30
11月14日〔土〕 ①14:00 ②14:30	11月22日〔日〕 ①14:00 ②14:30	11月28日〔土〕 ①14:00 ②14:30

※全体会終了後、希望制で個別相談を行います　※事前の予約は必要ありません

特別進学類型

国公立大や早慶上理などに現役で合格することを目標においた類型です。6教科8科目の受験に備えるために、3年間を通して、週4日7時間授業が実施されています。1年次では、生徒一人ひとりの個性や適性を見出し、将来どんな職業に就きたいのかをイメージさせながら、学部や学科の選択ができるような指導を行います。2年次では、文系・理系別に授業を展開しています。また、全国模試の結果を踏まえながら、志望大学を選択させ、受験に対する意識を高めさせます。3年次では志望校の受験に備えて科目の選択を行うとともに、教科書は1学期で終了し、夏休み以降は受験演習に時間を費やし、現役合格を目指します。

◆

【主な進学先】 **茨城・国立看護・早稲田・上智・東京理科・立教・中央・法政・学習院**など

現役合格率 91.4%　大学進学率 88.6%

選抜進学類型

GMARCHをはじめとする難関私大に現役で合格することを目標においた類型です。1年次と2年次は、週4日7時間授業の豊富なカリキュラムを設定し、体系的で効果的な学習により学力を養っていきます。2年次理系では、数学の理解度を高めるために、習熟度別授業を行っています。夏休みや冬休みなどの長期休暇中は、有名予備校の先生が教えるスーパー特別講座や集中授業を実施し、志望大学・学部に求められる学力へとつなげます。3年次では、夏休み前に教科書を終了し、それ以降は、難関私大に現役で合格するための実践力を徹底的に身につけていきます。

◆

【主な進学先】 **青山学院・法政・学習院・東京薬科・成城・明治学院・國學院・日本女子**など

現役合格率 87.0%　大学進学率 81.2%

普通進学類型

多彩な進路に応えられるカリキュラムを設定し、部活動や学校行事、生徒会などにも積極的に取り組む生徒を全力でサポートする類型です。1年次では、学び残しのないように丁寧な指導を実施しています。国数英などの主要教科を基礎から徹底的に指導しながら、ポイントごとに、生徒一人ひとりの理解度の確認を行います。2年次からは文系・理系に分かれたクラス編成を行っていきます。系統別に分かれた授業を通して、将来進むべき進路を定着させます。3年次は長期休業中演習講座が実施され、大学受験に対応できる実力をバランスよく養いながら、受験本番に備えます。

◆

【主な進学先】 **青山学院・法政・成城・明治学院・國學院・獨協・北里・東京農業**など

大学進学希望者の現役合格率 95.4%　大学進学率 92.7%

TOSHIMA GAKUIN

学校法人 豊昭学園

豊島学院高等学校

併設／東京交通短期大学・昭和鉄道高等学校

特別進学類型　選抜進学類型　普通進学類型

〒170-0011 東京都豊島区池袋本町2-10-1 TEL.03-3988-5511（代表）
最寄駅：池袋／JR・西武池袋線・丸ノ内線・有楽町線 徒歩15分 副都心線 C6出口 徒歩12分
北池袋／東武東上線 徒歩7分　板橋区役所前／都営三田線 徒歩15分

http://www.hosho.ac.jp/toshima.htm

笑いあり、涙ありの日本縦断4000kmの旅

『スコット親子、日本を駆ける
父と息子の自転車縦断4000キロ』

著／チャールズ・R・スコット
訳／児島 修
価格／1900円＋税
刊行／紀伊國屋書店

今月の1冊『スコット親子、日本を駆ける 父と息子の自転車縦断4000キロ』

表紙の写真をよく見てみると、親子らしき2人組が、少し変わった自転車と写っているのがわかるだろう。これは、「トレーラーサイクル」と呼ばれる自転車の一種で、小さな子どもといっしょに運転できるようになっている。

アメリカに住む父チャールズさんと息子ショウくんのスコット親子は、2009年の夏にこのトレーラーサイクルに乗って、なんと日本最北端の北海道・宗谷岬から本州最南端の佐多岬までを67日間かけて駆け抜けた。

驚きなのは、ショウくんが当時まだ7歳だったということ。夏の暑さのなか、起伏が多く、大人でも決して簡単ではない4000kmの道のりを行くなんて、とても無茶なことに思える。

チャールズさん自身、本当にこれでいいのか悩む場面も出てくるが、それよりも「これをやり遂げたらどうなるか」という前向きな気持ちが、そうした迷いを吹っ切っていく。ショウくんも、不安からかんしゃくを起こしたりもしながら、2カ月の冒険のなかで大きく成長する。

とはいえ、そこはやはり7歳だ。チャールズさんが息も絶え絶えになりながら漕いでいるときに、どちらかを必ず選ばなければいけない「究極の選択クイズ」を何度も迫ったり、お気に入りの歌を延々と歌い続けるなど、子どもらしさも存分に発揮する。

そして、なんといってもこの本の見所は、旅の道中で出会う多くの人々とのふれあいだろう。北海道で出会い、その後、四国で再会し、最終目的地の佐多岬もいっしょに自転車で訪れるサイトウさんをはじめ、さまざまな人たちがスコット親子を助けてくれるんだ。そうした交流のエピソードの数々に、思わずほほが緩んでしまう。

もちろん失敗もたくさん。7歳のショウくんとの旅だから、チャールズさんは出発前から入念に準備してきたものの、旅にアクシデントはつきものだ。こうしたアクシデントも含めて、本書には見どころがたくさんあるので、300ページを超えるボリュームでも、苦にならないよ。

開智未来高等学校　2期生大躍進！

東京大学ほか国公立現役合格率33％は埼玉トップランク

開智学園（さいたま市開智中学・高等学校）の進化系教育開発校として、埼玉県加須市に平成23年4月に開校した開智未来高等学校。2期生72名が今春卒業し、東京大学をはじめとする現役国公立大学合格率は30％を超え、開校5年目ながら合格率では埼玉県のトップ進学校に肩を並べる実績となりました。

ハイクオリティーな教育

開智未来は、これまで開智学園が積み上げてきた教育の成果の上に、さらに「知性と人間」と共に育てるための新しい教育実践を開発し、その成果を発信して社会に貢献する学校を目指します。

校長自らが行う哲学の授業、未来型知性を育成するＩＣＴ教育、アメリカの歴史の教科書を英語で学ぶ未来ゼミ、オリジナルテキストを用いた授業、学び合いの導入による先進的な授業の実践、学校・家庭・地域連携の共育など、さまざまな教育活動を開発し、発信しています。

英語で学ぶ未来ゼミ

学校説明会・個別相談会

■10月18日（日）

- 9：30～10：30　入試説明会（入試や教育についてわかりやすく説明）
- 10：30～12：00　体験授業（英・数より１教科）・勉強サプリ（偏差値10up！）
- 12：00～14：00　個別相談会（説明会受付順にご案内・予約不要）

■11月23日（祝・月）

- 9：30～10：30　入試説明会（入試や教育についてわかりやすく説明）
- 10：30～12：00　体験授業（国・数より１教科）・勉強サプリ（偏差値10up！）
- 12：00～14：00　個別相談会（説明会受付順にご案内・予約不要）

※個別相談のみに参加される方は、13時以降にお越しください。
※以前に説明会に参加された方は、9:30～10:30での個別相談も可能です。

個別相談会

■11月28日（土）13：30～16：00

■12月19日（土）13：30～16：00

■12月20日（日）　9：30～12：00

※説明会・個別相談ともに予約不要。（上履き持参）
※スクールバスを栗橋駅・加須駅より運行（ＨＰで確認ください）
※自家用車での来校可。

グローバリゼーション

「国際社会に貢献する創造型・発信型リーダーの育成」を掲げ、ただ単に大学受験で点数をとるためだけの英語ではなく、高校卒業時には普通に使える英語の習得を目指し、さまざまな英語教育を実践しています。

1年次の入学式翌日からのスターティングセミナー合宿では、しおりや現地の指示は英語で示され、自己紹介を英語で行うプログラムなどが準備されています。

2年次はカナダ環境フィールドワークに全員参加します。6泊8日を現地の大学院生と共に過ごし、環境フィールドワークや現地の高校生との交流を図ります。帰国後は、英語の論文を作成し、発表を行います。

また、希望者が参加できるカリフォルニア大学バークレー校での次世代リーダー養成研修、オーストラリア・ニュージーランドの海外教育研修など、豊富な海外体験の機会を準備しています。

日常の授業においては、ストックノートの作成、音読の徹底を行い、高校2年終了時までに英検2級以上の取得を目指します。

カナダ環境フィールドワーク

関根校長先生の哲学の授業

関根校長先生の哲学の授業

開智未来では、関根校長先生自らが週1時間、「哲学」の授業を行っています。関根校長先生は、東京大学で教育哲学を学び、公立高校教員となり51歳で校長の職を辞して開智高等学校校長を2年間務めた後、開智未来中学・高等学校の校長となりました。

哲学は開智未来の教育の支柱となるよう、各教科の学習や行事などさまざまな教育活動と連動し、学びを統合化します。人間の生き方、価値、社会の課題等を幅広く扱い、開智未来が掲げている「志づくり（貢献教育）」の柱となります。

偏差値10アップのサプリを説明会で実施

開智未来では、「育てる生徒募集」という取り組みを行っています。昨年も多くの中学生と保護者の方が、校長自らが開発した「学びのサプリ」を体験しました。今年度2学期の学校説明会においても、高校受験までに学力を伸ばす「サプリ講座」を準備しています。「伸びたい生徒、伸ばしたい教員、伸びてほしいと願っている保護者の気持ちが1つになった学校」。それが開智未来のスローガンです。

サクセスシネマ

SUCCESS CINEMA vol.69

君にこの謎が解けるか！

ナショナル・トレジャー

2005年／アメリカ
監督:ジョン・タートルトーブ

『ナショナル・トレジャー』
Blu-ray発売中
価格:2,381円+税
発売元:ウォルト・ディズニー・スタジオ・ジャパン
©2015Disney

ロマンとスリル満点の宝探し

アメリカを舞台に、伝説の秘宝をめぐる物語。宝探しの王道映画です。

ゲイツ家の一族は代々、ある秘宝を探してきました。そんなゲイツ家に生まれたベンは、幼いころから秘宝についての話を聞かされ、彼もまた歴史学者兼冒険家として宝探しに励んでいます。

ベンはワシントンやニューヨークといった土地をめぐりながら、秘宝の手がかりとなる1ドル札やアメリカ独立宣言書などに秘められた謎を解いていきます。その懸命な姿からは、秘宝の存在を知っていたものの見つけることができずにいた一族の汚名をはらしたいという強い思いが感じられます。宝を横取りしようとする別の集団との対決など、宝探しにはつきものの危険も待ち受けており、ハラハラドキドキのスリルある展開が楽しめます。

はたしてタイトル通り「ナショナル・トレジャー」、つまり「国家級の宝」を、手に入れることはできるのでしょうか。

謎解きあり、アクションありのロマンあふれる本作は、世界中で人気となり続編も制作されています。

麒麟の翼 ～劇場版・新参者～

2012年／日本
監督:土井裕泰

「麒麟の翼～劇場版・新参者～通常版」
DVD発売中
3,800円＋税
発売元:TBS
販売元:東宝

被害者が残した最期の思いとは

原作は東野圭吾の小説。テレビドラマでも人気を博した刑事・加賀恭一郎を主人公としたシリーズの劇場版です。

ある日、東京・日本橋の麒麟《きりん》像の下で、青柳という1人の男性が、ナイフで胸を刺されているのが発見されます。彼はほかの場所で事件にあったにもかかわらず、瀕死の状態で8分間も歩き続け、この場所にたどりついていたのです。青柳はなぜ周りに助けを求めるのではなく、最期の力を振り絞り、この場所をめざしたのか…。この不可解な行動の謎に挑むのが加賀刑事です。

本作では、人間の心の弱さ、愚かさが人生の歯車を狂わせてしまうことを浮き彫りにしています。しかし、事件で傷を負った人々の気持ちに寄り添い、被害者の行動に込められた思いをくみ取ろうとする加賀刑事の存在が事件に一筋の光を与えています。さまざまな角度から事件を追及し、核心に迫っていく加賀刑事の捜査から目が離せません。青柳の最後の行動には彼の強い思いがあります。その謎が解けたとき、みなさんはなにを感じるでしょうか。

ダ・ヴィンチ・コード

2006年／アメリカ
監督:ロン・ハワード

『ダ・ヴィンチ・コード エクステンデッド・エディション』
Blu-ray発売中
2,381円＋税
発売・販売元:ソニー・ピクチャーズ エンタテインメント

キリスト教を取り巻く壮大な謎

キリスト教にまつわる壮大な秘密を描いた本作。全世界でベストセラーとなった小説が原作です。

フランスのルーブル美術館で館長の死体が見つかります。彼は、ある奇妙な格好で床に横たわっていました。そしてそこには館長が残した謎の暗号も。それはキリスト教の秘密へとつながるメッセージだったのです。この事件に巻き込まれたのが、アメリカで宗教象徴学を教える大学教授・ラングドンです。彼は被害者と面識がないにもかかわらず、ある事情から事件に深くかかわることになり、なんと警察から追われる存在に！

1つの謎がまた次の謎へとつながるテンポのよいストーリーで最後まで謎解きを楽しめる本作。キリスト教の秘密とは、事件の真相とは、いったいなんなのでしょう。謎解きの過程で有名な絵画や教会が出てくるのも見所の1つ。

本作は原作者が「事実に基づいた作品」と述べたため、世界中で物議をかもしました。しかし、それを裏づける史料はなく「フィクション」として認識されています。

なんとなく得した気分になる話

生徒　先生

身の回りにある、知っていると
勉強の役に立つかもしれない知識をお届け!!

ちょんまげで安心？

先生、時代劇好き？

ん？　時代劇？　結構好きだよ。

そうなんだ。

キミはどうなの？

話の内容は好きなんだけど…。

内容だけ好きってどういうこと？

いやあ…。なんでみんな髪型がちょんまげなの？

そこが気になるのか（笑）。ちょんまげね、ちょっとうろ覚えだけど…。

うろ覚えでもいいよ。

ちょんまげって頭の前方に髪がないでしょ。

そういえばそうだね。髪を剃っているの？

そうんなんだよ。あれを月代（さかやき）と言うんだ。

さかやき？

合戦では兜《かぶと》をかぶるよね。そのときに頭と兜の間が蒸してしまうのを、ああいう髪型にすることで防いだらしいんだ。そして、時代が移り変わっていくなかで、段々と町の人までがちょんまげを結うようになったんだよ。ちなみにちょんまげは「結う」という。

一種の流行？

きっと当時はそうだね。

でもさ、いつみんなちょんまげを辞めるの？

1871年（明治４年）に明治政府から〝散髪脱刀勝手たるべし〟というおふれが出て、髪型は勝手にしていいということになった。

急になくなったの？

そんな急ではなかったらしい。明治の終わりでも、まれにちょんまげの男性はいたらしいし。そう、いまではお相撲さんがちょんまげだね。

お相撲さんね。確かにちょんまげだ。

お相撲さんのあれは一種の制服みたいなものだな。

先生は、ちょんまげにしてみたいって思ったことないの？

じつは映画村でしたことがあるよ。

それ、ちょんまげのカツラでしょ？　カツラでなくて実際にってことだよ。

そりゃないよ。それに、理髪店でちょんまげをお願いします！　なんて言っても、きっとやってくれないし…。

いや、一度やってほしいなあ。ちゃんと月代作ってさあ、なんか見たいなあ（笑）。

笑ってるじゃないか（苦笑）。それはそうと、キミは時代劇の内容のどういうところが好きなの？

だって、事件は必ず最後には解決する。そして悪党は正義の味方に成敗される。なんかスッキリするし、気持ちいいでしょ？

時代劇の見過ぎだな。まあ、毎回最後に安心できる結末がいいという気持ちは確かにわかるけどね。

だから、先生もちょんまげにして、最後は安心できる授業にしてほしいんだよ。

なるほど！　私が宿題を忘れたり授業中におしゃべりをする悪い生徒どもを最後に成敗するってわけか？　そりゃあいい！　それならちょんまげにしようかな。

でも、先生のちょんまげ姿はどうみても悪代官だね！

えっ？　ではおぬしは？

殿じゃ！

バカ殿さまの、おな～り～。

ムカッ！　いつもと逆じゃん！

文部科学省スーパーサイエンスハイスクール（SSH）
スーパーグローバルハイスクール（SGH）アソシエイト指定校

理数キャリア
（アドバンストサイエンス）

国際教養
（グローバルスタディーズ）

スポーツ科学
（スポーツサイエンス）

学校説明会

10月24日（土）14：30～
11月 6 日（金）18：30～
11月28日（土）10：00～ ＊個別相談のみ予約
12月 4 日（金）18：30～
12月 6 日（日）10：00～ ＊個別相談のみ予約
12月23日（祝）10：00～ ＊個別相談のみ予約

学校説明会：入試解説

11月15日（日）10：00～
11月23日（祝）10：00～

オープンキャンパス

10月31日（土）
11月14日（土）
11月21日（土）
各回とも 10：00/11：00

2016年度 入試概要

	A推薦 本校第1希望	B推薦 隣接県対応	一般 併願優遇含む
募集人員	理数キャリア アドバンスト30名（推薦15名/一般15名）/スタンダード30名（推薦15名/一般15名）		
	国際教養 アドバンスト30名（推薦15名/一般15名）/スタンダード60名（推薦30名/一般30名）		
	スポーツ科学 25名（推薦12名/一般13名）		
試験日	1/22（金）	第1回 1/23（土） 第2回 1/24（日）	第1回 2/10（水） 第2回 2/11（祝）
入試科目	①適性検査 理数キャリア：数学 国際教養：英語 スポーツ科学：数/英 ②作文 ③面接	国・数・英 面接	国・数・英 面接
合格発表日	1/23（土）	1/25（月）	2/12（金）

＊詳細は募集要項にてご確認ください。

＊詳しくは学校説明会へお越しください。またはホームページをご覧ください。

文京学院大学女子高等学校
Bunkyo Gakuin University Girls' Senior High School

〒113-8667 東京都文京区本駒込 6-18-3
http://www.hs.bgu.ac.jp/ tel：03-3946-5301 mail：jrgaku@bgu.ac.jp
＊最寄り駅…JR山手線・東京メトロ南北線「駒込」駅南口より徒歩５分　JR山手線・都営三田線「巣鴨」駅より徒歩５分

高校受験 ここが知りたい Q&A

Q よく聞く「内申点」って いったいどういうものですか。

Question

高校入試では「内申点が大事だ」という話をよく聞きます。でも、正直なところ、内申点がどのようなもので、入試の合否にどう影響するものなのかわかりません。教えてください。

（小平市・中２・ＭＴ）

A 3年間の成績を総合評価した数値で、合否にかかわることもあります。

Answer

内申点とは、内申書に記載されている各科目の評点のことです。より具体的にいえば、各学期末につけられる通知表の科目ごとの数値で、中３の２学期末には、３年間の総合的な成績をふまえた数値が出されます。９科目に加えて、英語検定、漢字検定などの取得級が内申点に加点される場合もあります。

出願時には、入学願書といっしょに在籍中学から添付されたものを提出します。そして、入試では、筆記試験の得点と内申点を総合して合否判断がなされます。どのくらい内申点を重視するかは学校によって異なりますが、一般的に公立高校では内申点の占める比率が高くなります。

また、私立高校入試では、推薦入学の基礎資料として用いられることがあり、一定の内申点基準をクリアすることが合格条件となる場合があります。なお、私立高校の一般入試では、内申点はあまり考慮されず、筆記試験の得点を重視して合否が決定されることもあります。

このように内申点は、公立高校入試ならびに私立高校推薦入試では、合否を左右する大きな要素となります。こうした理由から「内申点は大事だ」と言われているのです。内申点を高める対策としては、学校の授業をきちんと受け、定期テストで着実に得点をとっていくなど、日ごろの学習を大切にするのがベストです。

生徒主体の創造的教育をつくる

第一志望大学への現役進学を力強くサポートする3つのコース

知の構造を革新 S特コース
グローバルな探究力を育て、
東大などの最難関国立大を目指す

本質的な学びを育成 特進コース
自ら学ぶ力を高度に育て、
難関国公立大・早慶上理を目指す

自ら考える力を育成 進学コース
高度な基礎学力を育て、
GMARCH・中堅私大を目指す

◆高等部教育方針

「自ら考え学ぶ」力を養う授業と、論理的探究力や問題発見・解決力、表現力を養「探究」(S 特)、「ライフスキル」(特進・進学)の授業により、難関大進学はもちろ、将来も自分自身を成長させ続けられる自ら考え学ぶ創造的学力を育成します。

さらに、豊かな人間力を培うオリジナルテキスト「人間力をつける」により、その力をグローバル社会に活かし、貢献できる人間力を育てます。

◆特進・進学コースの取り組み

問への強い関心を持たせると同時に、高度な基礎学力と基礎学習力を育てます。た、目標に向かう意欲を高めることにより、グローバル社会に貢献できる資質や力を培います。授業では、自分で考えることによる知識や考え方を学び取る学、繰り返しなどによる着実な積み上げ学習を大切にし、それらを関連付けて学ぶ合的学力へと発展させ、第1志望大学への現役進学を実現します。

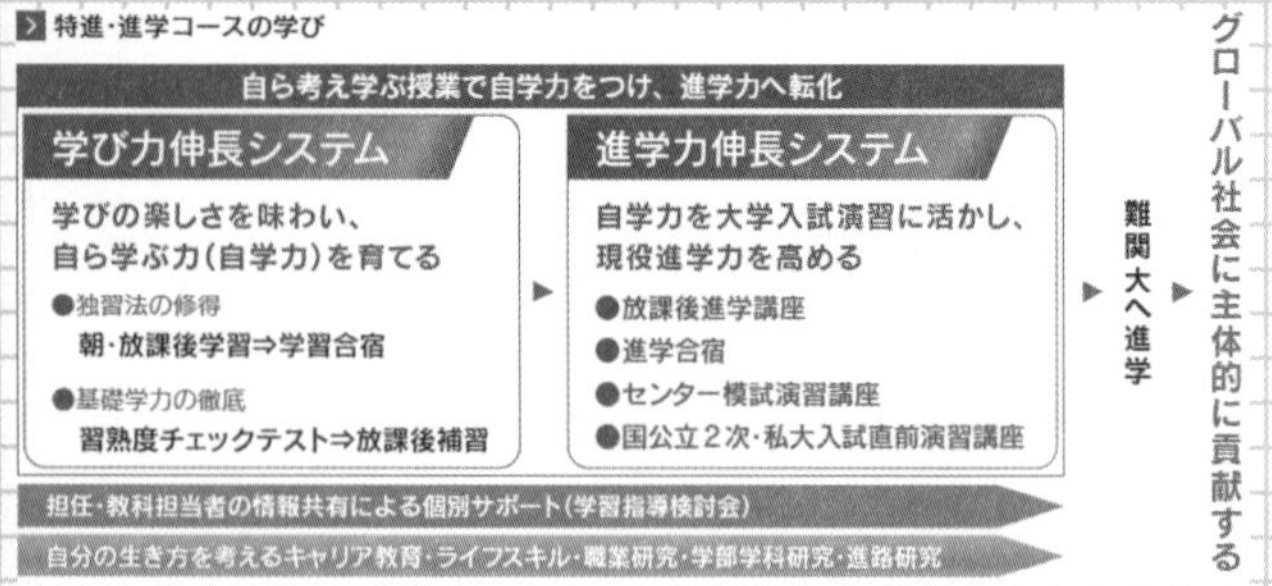

◆安田学園、躍進!!

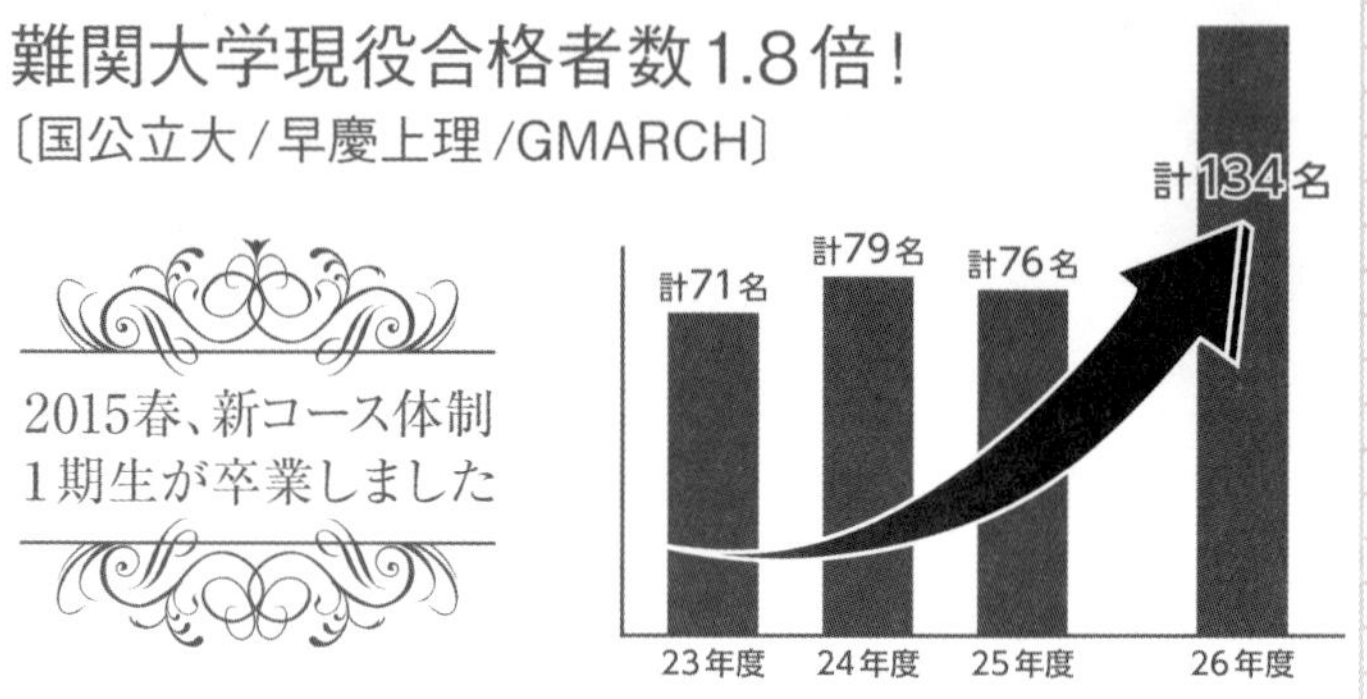

◆S特コースの取り組み

S特コースでは「一人ひとりに最適なアシストを」をスローガンに、放課後の弱点克服講座や進学講座(約2時間)、夏・冬休みの『東大対策講座』などきめの細かい補習・講座を数多く用意しています。
また、入学直後の生徒は能力も得意・不得意科目も人それぞれです。その生徒一人ひとりに対し「高校生としての」学習法や「自ら考え学ぶ」とはどういうことなのかをレクチャーする入学前の【事前全体説明会】を皮切りに、S特コーススタッフ全員の熱意あふれる万全なサポート体制で生徒一人ひとりの目標の実現を応援していきます

探究 S特コース

1・2年で行われる「探究」の授業では、自分なりの疑問を見つけ、それについての仮説を立て、検証を行うというサイクルを体験していきます。その過程を通じて、より高次なレベルの疑問が生まれ発展していくといった創造的思考力が育まれていきます。1年次では、文系・理系のそれぞれの実際のテーマでのグループ探究を通し探究基礎力を習得、論文を作成します。2年次には、それを英訳しシンガポールにおいて現地大学生にプレゼン、そのテーマについてディスカッションします。そしてこれらの集大成として個人でテーマを決めて探究を行い、安田祭で発表します。

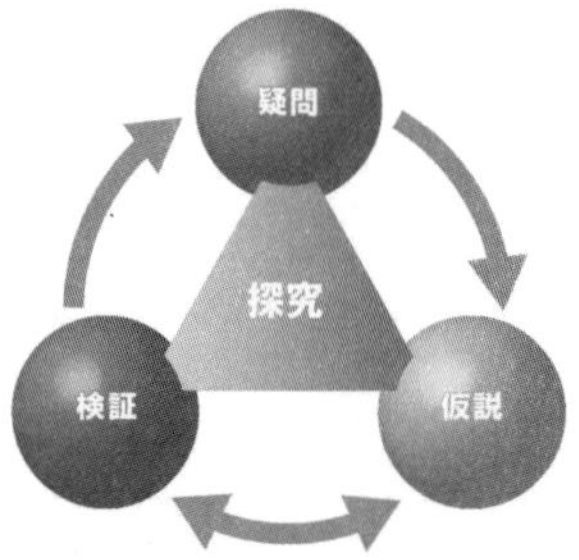

平成28年度 高校入試 学校説明会
11月7日(土)14:30〜
11月28日(土)14:30〜
12月5日(土)14:30〜

安田祭(文化祭)
10月31日(土)
11月1日(日)
10:00〜15:00
入試相談会を開催します

平成28年度 高校入試 入試日程

	推薦入試		一般入試	
項目	A推薦	B推薦	授業料減免試験	S特特待入試
試験日	1月22日		2月10日	2月11日

安田学園高等学校
〒130-8615 東京都墨田区横網2-2-25
E-mail nyushi@yasuda.ed.jp
入試広報室直通 0120-501-528 FAX.03-3624-2643
交通アクセス JR両国駅から徒歩6分 都営大江戸線両国駅から徒歩3分
ホームページ http://www.yasuda.ed.jp/ 安田学園 検索

Success Ranking

大学イメージランキング

先月号に引き続き、関東在住の高校３年生に聞いた大学イメージ調査の結果を紹介するよ。「進学ブランド力調査」のHPには、今回紹介した４項目のほかにも全50の項目が載っているから、気になる人はインターネットで検索してみてね。

伝統や実績がある

順位	大学名	区分	%
1	**東京大**	**国立**	**71.4**
2	早稲田大	私立	61.9
3	慶應義塾大	私立	55.0
4	京都大	国立	51.4
5	青山学院大	私立	50.8
6	明治大	私立	48.3
7	立教大	私立	44.7
8	上智大	私立	44.2
9	学習院大	私立	41.8
10	一橋大	国立	40.6

学校が発展していく可能性がある

順位	大学名	区分	%
1	**東京大**	**国立**	**22.6**
2	慶應義塾大	私立	17.9
3	青山学院大	私立	17.3
4	京都大	国立	16.8
5	早稲田大	私立	16.6
6	上智大	私立	14.2
7	明治大	私立	13.1
8	立教大	私立	12.4
9	筑波大	国立	12.0
10	千葉大	国立	8.7

国際的なセンスが身につく

順位	大学名	区分	%
1	**東京外国語大**	**国立**	**27.5**
2	上智大	私立	25.1
3	東京大	国立	23.2
4	国際基督教大	私立	20.9
5	京都大	国立	17.5
6	青山学院大	私立	17.3
7	立教大	私立	15.9
8	神田外語大	私立	12.9
9	慶應義塾大	私立	12.4
10	早稲田大	私立	12.3

学生生活が楽しめる

順位	大学名	区分	%
1	**青山学院大**	**私立**	**18.4**
2	早稲田大	私立	17.7
3	慶應義塾大	私立	14.7
4	立教大	私立	14.5
5	明治大	私立	13.2
6	京都大	国立	11.2
7	東京大	国立	10.9
8	法政大	私立	9.1
9	上智大	私立	8.6
10	日本大	私立	7.4

「進学ブランド力調査2015」リクルート進学総研調べ

共《きょう》栄《えい》学《がく》園《えん》高等学校

活力あふれる進学校

■学校説明会
10月18日(日) 9:30～
11月 3日(祝) 9:30～
11月22日(日) 9:30～
12月 6日(日) 14:30～

■埼玉県対象学校説明会
10月25日(日) 9:30～

■学校見学会
10月24日(土)～12月20日(日)
期間中の土・日・祝10:00～15:00

■ジョイフルコンサート
12月23日(祝) 14:00～
場所：かつしかシンフォニーヒルズ

『文武両道』をモットーに本年度も多くの生徒が難関大学合格の夢を実現させています。平成27年度大学入試では、419名もの生徒が、国公立・私立大学へ合格しています。とくに、本年度は、東京工業大や筑波大へ現役合格しており、この両名は、文武両道をモットーに、3年間部活動と両立し合格しました。共栄学園は、毎年確実に進学実績を伸ばしています。

「文武両道」で輝く共栄生！

知力の優れたチームは、スポーツでも力を発揮します。また、部活動に力を注いだ受験生が学力を急激に伸ばすという話を私たちはよく耳にします。このように、文と武は互いに高めあう関係にあり、別物ではありません。共栄学園では、「文武両道」をモットーとしています。東京大を筆頭にした難関大学に合格した大部分の共栄生が、高校3年生まで部活動などに積極的に参加していました。

〔2つのコース制を柱にした進路指導の3つの主義〕

「特進」、「進学」の2つのコース制を柱に、共栄学園独自の教育プログラムで生徒たちの夢を実現します。とくに進路指導では、3つの主義を方針としています。

①第1志望主義
生徒の進路志望を達成するために第1志望に徹底的にこだわります。高校2年生で生徒自身の志望校宣言として、第1志望届を提出します。この志望校合格に向けて各自の受験勉強計画が練られます。大学受験の方法には、さまざまな入試がありますが、第1志望校以外のAO・推薦入試は原則認めず、初志貫徹で第1志望校の合格をめざします。

②現役合格主義
文字通り現役合格をするということです。3月受験まで、徹底的に現役合格にこだわっていきます。

③学校完結主義
すべての受験ニーズを学内で完結します。高校1年生から始める学習到達度チェックとそのフォロー、進路学習ノート、長期休暇中の特訓講習（特進コースは長期休暇中も授業実施）、予備校の衛星放送授業、高校2年生からは「東大合格会（とうだいうかろうかい）」による放課後の特別講習、その他、各種模擬試験の受験やほぼ1年間を通じて毎日使用可能な自習室、東京大など難関大学に現役合格した共栄学園卒業生による「卒業生チューター制度」などすべて学内で行うことができます。

〔最適な学習環境が共栄学園にはあります〕

広々とした吹き抜けのエントランスや映画館さながらの約400人収容可能な講堂、2つの体育館など開放感あふれる空間、1クラスの生徒人数分以上のパソコンを完備したマルチメディアルーム、約4万冊の蔵書がある図書館、休日も使用可能な個別学習室など教育のための最新設備が整っています。

共栄学園高等学校
東京都葛飾区お花茶屋2-6-1
京成本線「お花茶屋駅」徒歩3分
電話・03-3601-7136

受験情報

15歳の考現学

中学生はいまから考えておきたい
アクティブラーニングへの転換

私立高校受験

千葉県内私立上位校の
2016年度入試日程

公立高校受検

都立高の集団討論は
どのように行われるのか

高校入試の基礎知識

三者面談は
自分の思いを伝える場

千葉

千葉公立が他県・海外からの生徒向け説明会を実施

千葉県教委では11月から12月にかけて、他都道府県および海外などからの千葉県公立高校志願者に向けて、入学志願手続きの説明会を開催する。

説明会は全4回となっており、いずれかの説明会に出席し説明を受ける必要がある。事前の申込みは不要。

日程は、第1回が11月2日（月）、第2回が11月13日（金）、第3回が12月17日（木）、第4回が12月25日（金）。いずれも千葉県教育会館新館501号室を会場に、13:30から受付開始、14:00から開会となる。

説明会には市立高等学校を所管する市教育委員会の担当者も出席する。

また、英語・中国語・スペイン語・フィリピノ語の4カ国語による個別説明を希望する場合は、通訳ボランティアが出席する11月13日と12月17日に参加するようすすめている。

なお、埼玉県および茨城県の同県隣接学区内からの志願者は、説明会への参加は不要。在籍（出身）中学校において入学志願手続きの説明を受けられる。

東京

都立高校などが合同説明会を3回実施

東京都教委は、都立高校、中等教育学校、中学校などの受検生や保護者を対象に、「都立高等学校等合同説明会」を開催する。学校ごとの相談コーナーで、希望する学校の教職員と進学相談などができる。入場無料。事前参加予約不要。
※都立新宿高校会場は上履きが必要

合同説明会は全3回の実施で日時は、
第1回／10月25日（日）10:00～16:00
第2回／11月1日（日）10:00～16:00
第3回／11月8日（日）10:00～16:00
※各回とも、最終受付15:40。

◆会場および参加予定校

第1回／都立晴海総合高校・都内東部地域に所在する学校を中心に65校

第2回／都立新宿高校・都内中部地域に所在する学校を中心に98校

第3回／都立立川高校・多摩地域に所在する学校を中心に75校

※参加予定校はいずれも2016年度募集を行う都立高校、中等教育学校および中学校など（島しょ地域の一部を除く）
※就学支援・奨学金相談などの「各種相談コーナー」も設けられる。

15歳の考現学

中学生はいまから考えておきたい
アクティブラーニングへの転換

森上《もりがみ》 展安《のぶやす》

森上教育研究所所長。1953年、岡山県生まれ。早稲田大学卒業。進学塾経営などを経て、1987年に「森上教育研究所」を設立。「受験」をキーワードに幅広く教育問題を扱う。近著に『教育時論』（英潮社）や『入りやすくてお得な学校』『中学受験図鑑』（ともにダイヤモンド社）などがある。教育相談、講演会も実施している。
HP：http://www.morigami.co.jp
Email：morigami@pp.iij4u.or.jp

大学入試の改革で否応なく変化が迫られる

早稲田アカデミーのご協賛もいただき、過日、早稲田大学総長や東京工業大学学長ほかにパネリストをお願いして、「いま、なぜ高校が変わるのか―大学入試改革の真のねらいを問う―」と題する公開シンポジウムを筆者のやっているNPOで主催しました。

今回は、そこでの話題に触れながら、中学生やその保護者の方が、押さえておいた方がよいことを記してみます。

さて、文部科学省「高大接続システム改革会議」のテーマは高校までの教育と、大学からの教育との接続システムを一貫したものにしよう、という改革です。

その教育の中味は、アクティブラーニングと総称される、学習者が意欲的、積極的に学ぶ教育にしよう、というものです。

現在、それは小学校と大学においてよく行われるようになっていますが、とくに大学入試を控えた高校、そして6カ年一貫教育となる中学からの教育は、入試中心のものになりがちで、アクティブラーニングへの転換が進みにくいのが実情です。

それだけ大学入試による選抜のプレッシャーが大きく、教師から生徒への教え込み、生徒の受動的学びに傾斜しがちです。したがってこの学びの転換をするには、大学入試のあり方を大きく変える必要があると考えられます。

そこで、学校現場を高校までと大学からもアクティブラーニングを導入して、そのうえで、大学選抜も、学力試験は合教科総合型（アクティブラーニングでの学習法の1つであるPBL―プロジェクト・ベースド・ラーニング―の学習スタイル）にしようというのが、当初の文科省の方針といえました。

それに対して今回の中間まとめでは、この大学入試センター試験に代わる新テスト（大学入学希望者学力評価テスト）の導入は、先送りされてしまいました。いまの中1からではなく、小3から、というスタンスになっているのです。

ただし、これは「中間」まとめですから、12月にも公表される最終まとめとなると、どうなるかわかりません。

とはいえ、当の中学生はどう考えればよいでしょう。当事者としては少し大げさに言えば今日、明日の死活問題と言ってもよいでしょう。

　例えば、この新しい学びに対応して、アクティブラーニングの学びに取り組んだ場合、いまの大学入試が変わらないにもかかわらず、従来の知識詰め込みスタイルの学習をしないで大丈夫だろうか、という心配があるのは当然です。

　率直な話として、例えば、早稲田大総長は、大学での教育はアクティブラーニングを重視している、とパネリストとして答えられていましたが、早稲田大の入試問題をみると、かなり知識の詰め込みをしないことには、合格できない入試問題に見えます。そこのところが、はたして変わっていくのかどうか。

これからの社会で生きるため必要な変化だと考えるべき

　さて、この議論は、じつは、高校生と中学生とでは違ってくるでしょうというのが筆者の考えです。

　いまの高校生が受ける大学入試については、従来型が基本的に変わらないのですから、つまり日本の大学に進む限りは選択の余地なく従来型の取り組みをすればよいのです。

　しかし、これが中学生のみなさんとなると、少し時間があるぶんだけスタンスを変えることをおすすめします。

　というのも、のちの世代も、海外もこのアクティブラーニングが導入されます。なにより大学にひとたび入れば、もうアクティブラーニングによる学びになるのです。

　アクティブラーニングの特徴は学ぶ側が積極的に学びに行くスタイルです。受動的なスタイルである限りは、学びそのものが成立しないので、いわば学校に通うだけになり成績は不振となりましょう。積極的になれない場合は学ぶに値しないわけですからよい成績はとれないことになります。このように成績不振の場合は、学ぶ意欲がわく他学部に転換するに越したことはありません。その制度的な設計に、日本の大学は対応する必要があります。

　ともあれ、どうしてそうならねばならないのかということを、中学生とその保護者のみなさんには一番に腑に落としておいてほしいのです。

　これは、社会に出たときに役立つから、ということにつきます。いまの社会のあり方が、そうした学び方を求めている、ということですね。

　これには多少の説明が必要ですし、少し乱暴な言い方かもしれませんが、一番そのあり方を決定づけているのが、コンピューターやインターネットの発達です。

　わかりやすい例をあげれば、スマートフォンをかざしただけで計算の答えが出てしまうアプリがあることが知られています。

　もちろん、だからといって計算を学ぶことの必要性はだれしも否定しないでしょうが、もしも目的があって、その計算はあくまでそのプロセスを進行させることに使用するのなら、アプリを使用して、計算に費やす時間と労力を、全体の問題解決にとって難点となっている所に注ぐことになるはずです。

　そして私たちはそういう社会に生きているのです。

　しかし、そこでは計算にしても、単なる一次方程式などではなく、関数同士の計算ということがあるでしょう。つまり、どのような計算を用いることが、よりよい解決に結びつくのか、という判断は、当事者ができなくてはいけないですし、あるいは当事者のチームが智恵を出しあわねばいけないはずです。

　このように、全体をみて、思考力、判断力を働かせる、その集合知を生み出すために、よりよい表現力を発揮することが求められます。

　そうしたアクティブラーニングの学びを学校だけではなく、学校外でもやる、よりよい知的なネットワークを利用できる場を求める、そうした努力をする。

　といってもこれは、「求めよさらば与えられん」という聖書の句ではありませんが、受動的に学校の教室に座って耳をそばだてているだけでは、先にも書いた通り、多くの知は得られないですね。

　日本のなかだけではこのネットワークは十分に活用できません。いまや英語が世界の公用語ですから、語学を使えるようにすることもいまのところ大前提です（自動翻訳機がそのうち大進歩すれば別ですが）。

　これは大変なことのように思えるかもしれませんが、大丈夫です。じつに多くの国の人々がいま、こうした現実を生きています。決して珍しいことではないのです。

　日本はその点、これまでは受動的でも生きてこられた、とても幸せな国の1つだったのでしょう。

　中学生や高校生なら努力の仕方を少し変えればできることだ、と筆者は考えているのです。

私立INSIDE

千葉県内私立上位校の2016年度入試日程

千葉県内の各私立高校は、それぞれのホームページに来年度（2016年度）入試の募集要項を発表しました。今回は千葉私立の上位校について、発表されている入試日を日程順にまとめました。私立上位校を第1志望、または県立難関校との併願校として考えているみなさんは必見です。

千葉私立の難関校・上位校11校の来年度入試日程

千葉県では、東京、神奈川と同様に12月15日を皮切りに県内私立高校が入試相談を開始します。

入試相談とは、県内の大半の私立高校に中学校の先生が「合格の可能性」を相談に出かけて、その感触を探るイベントです。

このシステムで、入試相談のある高校については、それぞれの生徒の合格見込みがわかり、受験生はすべり止めと考えている私立高校を合格有望校として位置づけることが可能になります。

しかし、以下にあげる11校は、この入試相談を行っていません。

ただし、このなかの**国府台女子学院**は前期選抜では入試相談を実施しています。

入試相談のない11校は、難関校、上位校と呼ばれる学校とほぼ一致しているといっていいでしょう。ここでは、その11校について入試日程と募集定員をまとめておきますので、併願校を決める際の参考としてください。

入試相談を行っていない11校とは、**渋谷教育学園幕張**、**市川**、**東邦大付属東邦**、**昭和学院秀英**、**専修大松戸**、**芝浦工大柏**、**日大習志野**、国府台女子学院、**麗澤**、**成田**、**千葉日大一**です。

次ページからの学校名下の（ ）内は定員を示しています。2日間入試の学校の2日目には定員を記していません。

なお、併願を認めている入試の定員を原則としていますが、学校によっては、第1志望入試の定員も含まれていますので、各校のホームページで確認してください。

前期選抜

第1志望（単願・専願）の受験生を対象とした入試は、ほとんどが前期選抜で行われます。上位校でも単願や第1志望入試制度を設けている学校があります。

定員の割合では、前期選抜の方が、後期選抜よりもかなり募集定員を多くしている学校がほとんどです。

定員のパーセンテージでみれば、千葉の私立高校入試の柱は前期選抜にあるといえます。合格を確保したいのならば、前期選抜から受験するのが得策です。後期選抜は定員が少ないため狭き門となるからです。

ほとんどの学校の入試は、3科目で行われていますが、難関の渋谷教育学園幕張の前期選抜は5科入試、東邦大付属東邦は前期選抜・後期選抜ともに4科（英・数・国・理）入試で行われています。

後述のとおり、専修大松戸、芝浦工大柏、麗澤の3校は2日間入試ですが、1日だけの受験でも可、2日続けての受験も可です。

◆1月17日

市川（50名）
専修大松戸（236名）
※前期は2日間入試（2日とも受験も可）
日大習志野（180名）
成田（180名）
国府台女子学院（普通科60名）
※前期は入試相談を実施（併願で5科22以上）
麗澤（90名）
※前期は2日間入試（2日とも受験も可）、後期選抜は実施しない。
千葉日大一（130名、自己推薦含む）

◆1月18日

東邦大付属東邦（60名）
昭和学院秀英（80名）
専修大松戸
芝浦工大柏（105名）※前期は2日間入試（2日とも受験も可）
麗澤

◆1月19日

渋谷教育学園幕張（40名、後期は3科入試）
芝浦工大柏

後期選抜

後期選抜は、すべて学力試験がある一般入試です。後期選抜では単願や第1志望入試の制度がある学校はほとんどありません。

後期は募集定員が少なく、倍率も高い学校がほとんどです。大幅に合格者を絞る場合もありますので、過去の入試結果（偏差値や倍率）は参考になりません。

今回紹介している11校以外の入試相談のある学校では、後期選抜をやめる学校も多くなってきています。

前期選抜の発表後に後期選抜の願書締め切りがあるので、前期選抜の結果を見て、後期選抜の出願校を決めることができますが、私立高校進学を希望する場合には、後期選抜に回るとかなり厳しい入試になりますので、前期選抜で合格を得る志望校選びを進めてほしいものです。

◆2月5日

市川（35名）
専修大松戸（20名）
芝浦工大柏（15名）
成田（20名）

◆2月6日

東邦大付属東邦（20名）
昭和学院秀英（20名）
千葉日大一（40名）
国府台女子学院（普通科10名）
※後期には入試相談はありません。

◆2月7日

渋谷教育学園幕張（15名）
日大習志野（30名）

◆

※渋谷教育学園幕張は2017年度入試（現中学2年生）から後期選抜を廃止します。同校は前期選抜が5科、後期選抜は3科の入試でしたが、2017年度からは3科での受験ができなくなります。

市川も2017年度から5科入試に移行します。この2校をめざす受験生は、いまから理科・社会の勉強に力を入れる必要があります。

都立高の集団討論はどのように行われるのか

安田教育研究所　副代表　平松 享

2013年度入試から、都立高校の推薦入試に集団討論という新しい検査が加わりました。かつては調査書の成績の順で、ほぼ合否が決まるといわれていましたが、集団討論の導入でどのように変わったのでしょうか。また、どんなテーマが出題され、どんな選考が行われたのでしょうか。

入試後に得点分布表を公開

都立高校の推薦入試は、①「調査書」、②「集団討論・個人面接」、③「小論文又は作文」の合計点で合否が決まります（学校によっては実技が加わります）。

①～③の満点の点数を各校ごとに示したのが85ページの**表1**です。合否が「調査書」に偏らないよう、「調査書」の比重は各校ともに合計点の50％以内に制限されています。

「集団討論・個人面接」のように、集団討論は個人面接とセットで評価されます。個人面接は、集団討論に立ち会った試験官（面接委員）が必ず担当し、集団討論と個人面接という2度の機会を通して、受検者1人ひとりの得点をつけます。

「小論文又は作文」では、与えられたテーマにそって、500～600字の論文（作文）を50～60分で書きます。

今年度の**日比谷**と**西**のテーマを見ていきましょう。

【日比谷】（小論文）

①観光に関する資料・データを読み取り、わかったことを文章にまとめる（180～200字）。

②データから読み取ったことをもとに、観光立国推進のために首都である東京が推進する取組について述べる（360～400字）。

【西】（作文）

次のことばについて、あなたが感じたり思ったりすることを600字以内で述べなさい。「自分では前を見ているつもりでも、実際はバックミラーを見ている。」（マーシャル・マクルーハン）

両校とも解答時間は50分で、ハイレベルといえます。

多くの学校で、検査は「小論文又は作文」、「集団討論」、「個人面接」という順番で進みます。

検査日を2日間とする学校では、初日に「集団討論」、2日目に「個人面接」を行い、受検者の多い学校の場合は「集団討論」にテーマを複数用意して、午前と午後に分けて実施します。

入試がすべて終わったあとに、②と③の推薦受検者全体の得点分布表が、各学校のHP上に公開されます（86ページの**表3**は日比谷の分布表）。

自分で考え、表現できるかが問われる

「集団討論」の説明のために、こ

こで日比谷が作ったQ＆Aを紹介します。

Q　集団討論では面接委員と受検者の人数はどのようになりますか。

A　面接委員2～3名に対し、受検者5～6名の予定です。

Q　集団討論の時間はどれくらいですか。

A　一つの集団について、受検者が6名の場合は約30分、5名の場合は約25分を予定しています。

Q　集団討論は、面接委員主導型ですか、それとも受検者での自由な討論型ですか。

A　面接委員主導型で行います。受検者の中から司会役を出していただくこともありません。面接委員からの投げかけに応じて話し合いをしていただきます。例えば、集団討論のテーマが与えられ、それについての自分の考えを述べたり、他の受検者の考えを聞いて自分の意見を述べたりする形式が主となります。

Q　集団討論と個人面接の配点があわせて300点となっていますが、その内訳はどのようになりますか。

A　集団討論と個人面接は同じ面接委員が担当し、総合的に評価をします。集団討論と個人面接で別々に配点を設けているわけではありません。

Q　評価の観点について、わかりやすく説明して下さい。

A　集団討論と個人面接に共通な「評価の観点」は、①リーダーシップ・協調性　②コミュニケーション能力　③思考力・判断力・表現力　の3つです。集団討論では、面接委員からの求めに応じて自分の考えや意見を述べる場面があります。その際、受検者が、自分の頭で考え、それを自分の言葉で表現する力をみていきます。同時に、周囲の考えや意見に耳を傾け、それに対する自分の判断や意見を伝える力もみていきます。

【表1】都立高校推薦入試定員枠と得点の内訳

指定等	学校名	定員枠	満点		
			調査書	集団討論・面接	作文,小論文
進学指導重点校	日比谷	20%	450	300	小論文 150
	戸山	20%	400	200	小論文 200
	青山	10%	450	150	小論文 300
	西	20%	360	240	作文 300
	八王子東	20%	500	200	小論文 300
	立川	20%	500	200	小論文 300
	国立	20%	500	200	小論文 300
進学指導特別推進校	小山台	20%	450	200	小論文 250
	新宿	10%	450	180	小論文 270
	駒場	20%	360	180	作文 180
	町田	20%	450	250	小論文 200
	国分寺	20%	300	200	作文 100
	国際	30%	500	200	小論文 300
進学指導推進校	三田	20%	300	150	小論文 150
	豊多摩	20%	450	300	作文 150
	竹早	20%	500	250	作文 250
	北園	20%	500	300	作文 200
	江北	20%	450	150	作文 300
	小松川	20%	500	250	作文 250
	城東	20%	400	200	小論文 200
	墨田川	20%	200	100	小論文 100
	江戸川	20%	300	200	作文 100
	日野台	20%	450	225	作文 225
	武蔵野北	20%	450	225	作文 225
	小金井北	20%	500	250	小論文 250
	調布北	20%	500	250	作文 250
併設型中高一貫校	大泉	20%	450	250	作文 200
	富士	20%	450	200	作文 250
	白鷗	20%	500	300	作文 200
	両国	20%	500	300	小論文 200
	武蔵	20%	500	200	小論文 300

討論の実際　テーマは多様

実際の討論について見ていくと、普通教室に生徒用のイスを半円形（または円形）に並べ、受検者5～6人に先生2～3人がつく形で行われました。時間は25～30分程度です。

テーマは、開始直後に口頭で伝えられる学校が多く、冒頭に考える時間が2～3分あったあと、討論に入っていきます。司会は日比谷のように先生が行う学校と、参加生徒に任せる学校があります。

受検した生徒の話では「周りの議論のテンポが速くてあまりついていけなかった」、「特別なことはなく、単なる集団面接のようだった」など、学校やテーマによって、討論の内容は多様だったようです。

進学指導重点校などの集団討論のテーマや時間、司会、討論の形式を**表2**にまとめました。受検生からのアンケートに基づくものですので、一部で異なる内容があった可能性もあります（進学研究会調べ）。

最後に、合否で調査書の順位の逆転が起きたかどうか、その可能性について日比谷を例に考えてみましょう。

【表2】2015年度入試における都立高校の集団討論

高校名	テーマ	時間	司会	討論の形式
日比谷	私たちは何のために学ぶのか	30分	先生	最初に1人ひとり順に意見を述べ、そのあとで先生がまとめ新たに質問する。挙手して発言。この流れを繰り返す
西	内閣府が実施した「世界青年意識調査」（日本の18歳〜24歳の男女が対象）における、「あなたはどんなときに充実していると感じますか。あてはまるものをいくつでも選んで下さい。」という質問への回答をまとめ、その推移を示したグラフから読み取れることにもとづいて、自由に討論してください。	30	任意	資料配布あり。自由に挙手制で発言
国立	男子…学校でのボランティア活動のあり方。女子…生徒会活動の改善点	30	任意	テーマや条件が書かれた文章が与えられる。最初は先生が司会。その後自由討論
戸山	国際化する社会においては、これまで以上に「多様性の受容」、すなわち「他者を理解し受け入れること」が求められるようになっています。今後国際社会へとはばたくあなたたちが、多様性への理解を深めていくために、これから、どのような高校生活を送るべきだと考えますか。	30	任意	司会は決めなくてもよい。挙手して自由に発言でき、先生のリードはなく生徒のみで進行
八王子東	高校生として最も重要視されるべきこと（都が定める「生活指導統一基準」で身につけさせる規律・規範としてあげられている5つの項目が示される）	30	なし	資料配布あり。最初に1人ひとり順に意見を述べ、そのあとで約15分間の自由討論を行う。司会は置かない
青山	男子…2020年、「東京オリンピック・パラリンピック」が開催されます。あなた方は二十歳の時にこの祭典を迎えますが、この大会の成功に向けて貢献するために、高校生としてできることについて話し合いなさい。女子…災害時に限らず、さまざまなところでボランティア活動が行われていて、若い世代にもボランティア活動は期待されています。高校生として望ましいボランティア活動とはどのようなことかについて話し合いなさい。	15	任意	男女別テーマ。司会はグループ内で決める（司会者なしでもよい）
立川	国連は，2013年12月の第68回総会において、毎年12月5日を世界土壌デー、2015年を国際土壌年と定めることを決議しました。地球上の全ての生物の生存基盤である土壌を守るため、国際社会が協力して、開発や汚染で危機的な状況にある土壌を適切に保全管理し、持続的に利用できる環境を整えることの重要性を訴えています。身近な資源である土壌の持続的な利用について討論して下さい。	30	任意	資料配布あり。最初に1人ずつ意見を述べ、その後自由討論。司会を置くかどうか任せられる
新宿	資料（平成26年度全国学力・学習状況調査の正答率と携帯電話・スマートフォンの使用時間）を見て、小中学生の携帯電話・スマートフォンの使用時間に制限を設けるべきか	30	先生	資料配布あり。最初1人ひとりの意見を発表し、その後挙手制で自由討論
国分寺	2020年東京オリンピック・パラリンピックにどのように関わるか	30	任意	男女別テーマ。司会はグループ内で決める（司会者なしでもよい）
小山台	長期にわたる紛争のために荒廃し、何もかもが破壊された国に平和が訪れた。この国を立て直すために派遣されることになったあなた方は、何から取り組めばよいか。（優先順位を話し合う）	40	任意	挙手して自由に発言。司会はとくに決めなくてもよい
駒場	最近パソコンや携帯電話など様々なコミュニケーションの手段があります。人と人との関わりを豊かにする上で、そうしたコミュニケーション手段にはどのような利点や問題点があると考えますか。また、今後人と人との関わりをさらに豊かにしてゆくためには、どのようなことが大切だと考えますか。	20	先生	自由に挙手制で発言
町田	マラマさんのスピーチを読み、学習環境の違いについてどう考えるか、また「学ぶ」ということについて討論	20	任意	資料配布あり。司会はグループ内で決める（司会なしでもよい）。1人ずつ意見を述べ、その後討論
国際	日本の良さを世界の人々に紹介するとしたらどのようなことが良いと思いますか。個人の意見を述べた上で討論しグループで一つにまとめてください。	25	任意	挙手して自由に発言。司会はとくに決めなくてもよい

※テーマは都教委発表資料から作成。時間や形式等は受検者のアンケート（㈱進学研究会調）による

【表3】日比谷の集団討論・個人面接点、小論文・作文点の分布

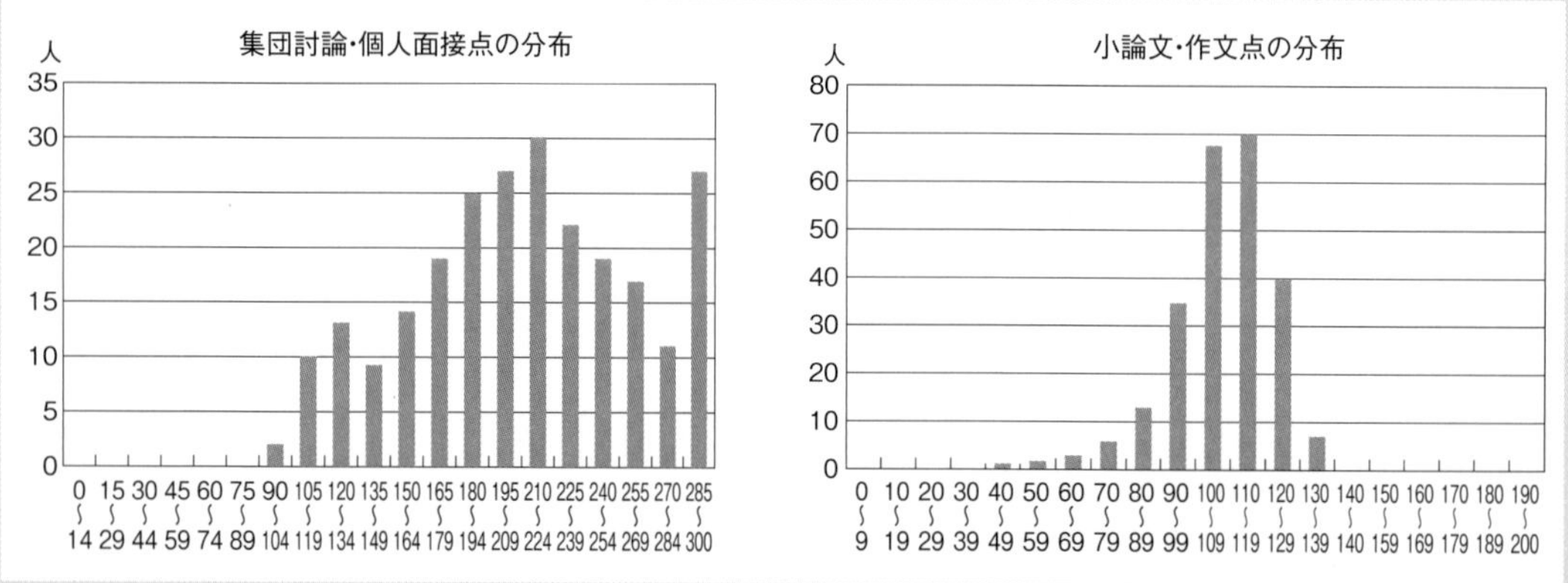

日比谷の各検査の得点と、それぞれが総合得点に占める割合は、「調査書」450点（50%）、「集団討論・個人面接」300点（33%）、「小論文」150点（17%）となっています。受検者の「調査書」の成績はオール5か、その付近とみられ、調査書点は420〜450点に分布すると考えられます。

その一方で、「集団討論・個人面接」と「小論文」の得点は、グラフのように広く分布しています。調査書点が満点の受検者も20〜30点程度のリードでは、その他の検査で簡単に逆転されてしまうでしょう。

日比谷以外の学校でも、その他の検査の得点分布が広いことで、調査書点の差を上回る得点を取り、逆転するケースは数多く起こると考えられます。

つまり、推薦入試の合格のためには、調査書の得点を高くすることが第一ですが、たとえ低くても、その他の検査の得点力が高ければ、合格の可能性はあるといえます。

そのためにも、作文や小論文では、つねに自分で考える習慣を身につけることが必要になります。集団討論でも、日比谷の「Q＆A」の最後の棒線を引いた部分がポイントになるでしょう。

都立の推薦入試の準備には、「日ごろから自分で考え周りの人の意見に耳を傾けること」が大事です。

公立 CLOSE UP

グローバル教育出版の本

新刊案内

「先生を育て学校を伸ばす」ベテランが教える

生徒を育て、人を育て、そして、自分を育てる 先生のための本

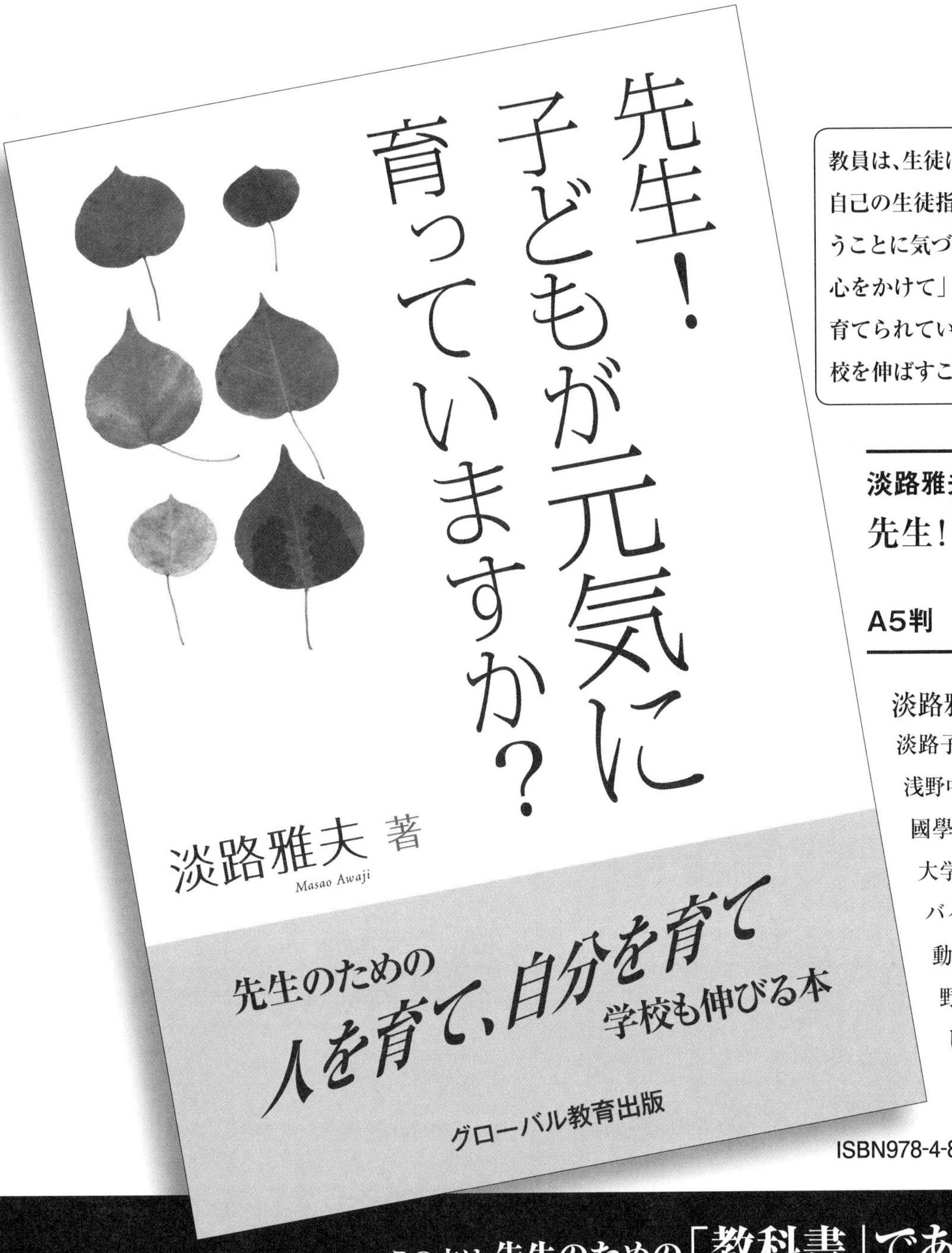

学校が伸びる

教員は、生徒に向ける関心こそが、自己の生徒指導の方法を磨いていくのだということに気づくべきです。生徒に「目をかけ、心をかけて」育てていくことで、教員自身も育てられているのです。それがひいては、学校を伸ばすことにつながります……著者

淡路雅夫 著

先生！子どもが元気に
育っていますか？

A5判　160ページ　1,500円＋税

淡路雅夫（あわじ・まさお）

淡路子育て支援教育研究所主宰。私立浅野中学・高等学校の前校長。現在は、國學院大學教職特別講師、関東学院大学非常勤講師、東邦大学教職アドバイザーなどを務め、講演・執筆活動を通して私学支援を行う。専門分野は子どもの教育・福祉を中心とした家族・親子問題。

ISBN978-4-86512-058-5

この本は 先生のための「教科書」であり「強化書」である

森上教育研究所 所長 森上展安

http://www.g-ap.com

グローバル教育出版　〒101-0047 東京都千代田区内神田2-4-2 グローバルビル　電話 03-3253-5944　Fax 03-3253-5945

高校入試の基礎知識

三者面談は自分の思いを伝える場

学校選びも最終局面を迎えました。11月なかばからは中学校で「三者面談」が始まります。三者面談は公立高校を受けるにしろ、私立高校を受けるにしろ大切なポイントです。担任の先生も真剣にあなたの進学・進路を考えてくれますので、面談前の準備をしっかりと行って臨みましょう。

三者面談の目的は志望校を絞り込むこと

中学3年生にとって、受験校を決める最後の局面、「三者面談」の時期が近づいてきました。

三者面談というのは11月なかばから、それぞれが通っている各中学校で始まる重要な面談で、①学校の担任の先生、②受験生、③その保護者の三者が、志望校を決めるために話しあうものです。

なぜ11月に三者面談があるのでしょうか。それは、12月中旬に私立高校の入試相談が行われるからです。

各私立高校からは、推薦入試（一般入試の公立併願優遇も含む）で使われる合格基準が事前に示されています。この基準は、その生徒が2学期を終えて、どのような成績でいるのかを確かめるもので、5段階評価で、5教科合計○点以上とか、9教科合計で○点以上といった数字で示されます。

そこで、その基準をもとに、その学校に合格できるかどうかを、事前に私立高校側と中学校の先生が話しあう場が、12月なかばの入試相談（事前相談）です。中学校では11月中に、12月の私立高校入試相談に向けて、自らの中学校の「どの生徒」が「どの私立高校」を受験するのかをリストアップしていきます。

そのための最終確認が三者面談なのです。

ただし埼玉県では、この中学校を巻き込んでの入試相談は行われません。ですから埼玉県では、保護者・受験生が、私立高校の学校説明会や進路相談会と呼ばれるイベントに臨んで自分で入試相談を行います。

しかしながら、埼玉県でも中学校での三者面談は行われます。内申点や10月初めの模擬試験などをもとに学校の先生が相談に乗ってくれる場です。

「公立高校ならどこを受ければいいか」「私立高校ならここが受けられる」などとお話ししてくれます。それを参考に、進学塾の先生とも相談して、志望校にリストアップされた私立高校の入試相談に出かけていけばいいわけです。

さて、東京都、神奈川県、千葉県の三者面談に話を戻します。

とくに初めての受験生をお持ちの場合の三者面談は、高校受験についてわからないことなどを、直接、中学校の先生に聞くことができますので、大いに利用すべきです。

3年生の保護者とはいえ、実際のところ、子どもの実情を確実に把握している方はいないのではないでしょうか。「通知表の成績はわかっています」という保護者は多いでしょうが、自分の子どもが公立向きなのか、私立向きなのか、などはなかなか判断できないでしょう。

しかし、中学校の先生は、生徒の性格も把握していますし、高校のこともよく知っています。

高校受験をする高校がなかなか決まらないという場合、頼りになる存在といっていいでしょう。

三者面談で担任の先生は、志望校の有無、第1志望は公立か、私立かなど、おおまかな希望を聞くことから始めます。

もし、この時期になっても、どうしても志望校が決まらない、という場合でも、三者面談を先延ばしにするわけにはいきません。率直に相談してみるといいでしょう。

進学塾に通っていれば、すでに塾の先生と相談されて志望校が決まっていると思います。その志望校をメモしておいて、三者面談で示すようにすればスムースに話が進みます。

「公立はA校かB校、私立はC校かD校……、E校も考えています」などとメモにしておいた学校名を、先生にお見せします。生徒さんは志望校を伝えるとき、その学校に行ってなにをしたいかなど「熱い思い」をお話しするようにします。

とにかく、あとで後悔しないように「言いたいことは言う、尋ねたいことは尋ねる」姿勢で行きましょう。学校の先生だからと言って、遠慮しないでとことん話しあってください。

三者面談での注意点は安全策に走りすぎないこと

次に三者面談の内容について考えてみます。

私立高校には、「学力試験で合否を決める学校」と「入試相談で合否をほぼ決める学校」の2種類があります。入試相談で合否を決める学校ということは、内申で合否を決める学校と言い換えることもできます。

前者は、推薦入試での定員が少ない難関校、上位校です。後者には残る大半の私立高校が入ります。

ですから、ほとんどの私立高校の入試は、じつは12月中旬の「入試相談」の段階で決まってしまうと言っても過言ではありません。

進む学校がここで決まってしまうと言ってもいいのですから、三者面談を進めるときに注意してほしいことがあります。

それは三者面談が「安全志向」に走る傾向があるということです。

中学校の先生が、三者面談で最も力点を置くのは「その年度の卒業生全員を確実に高校に進学させる」ことです。

ですから、中学校の三者面談では、「入試相談のある学校」を「安全校」として強くすすめられます。入試相談で私立高校側から「大丈夫です」と言ってもらえれば、ほぼ合格が約束されますから、受験生・先生ともに安心して受験に臨めるからです。

結果として、ほとんどの生徒が入

試相談を利用し、安全校を確保することになります。

つまり、中学校の先生にとって、三者面談は「安全校を決めること」が最大の目的となっているのです。

私立高校は2校の推薦入試を受けることはできませんが、公立高校との併願は認める学校が多くあります。一般入試でも公立高校との併願を認める学校があります（併願優遇制度）。このような受験をしたい場合、その私立高校に対して、中学校の先生に入試相談で話しておいてもらわなければなりません。

単願推薦の誘惑に負けず チャレンジ精神を持とう

三者面談では中学校の先生は、どうしても「安全志向」となり、「単願推薦」をすすめがちです。

「高校に合格したい」という意味では、中学校の先生と受験生の希望は一致しているのに、三者面談では、受験生と先生との間に意識の差が出てしまうことがあります。

三者面談での先生の目標は「このクラス全員を、そして学年全員をどこかの高校に合格させること」です。

受験生側の希望は「志望校に合格する」ことなのに、先生の考えは、あえて言えば「どこでもいいから合格させる」ことにあり、先生は本人の希望よりも、「いかに合格しやすいか」という点を重視して三者面談に臨んでいるわけです。

その最たるものが、私立高校の「単願（専願）推薦」です。

単願推薦でも学力試験のある学校があります。それはごく一部の私立難関校で、それを除くほとんどの私立高校の単願推薦は、中学校の先生との入試相談で受けることが決まれば「合格」です。

ただし、受験するのは「その学校のみ」ということになり、公立にしろ私立にしろ他の学校は受けられません。

中学校の先生にとって「単願推薦」での受験は、「確実な合格」と「最小限の受験校数」の2つを同時に実現する制度なのです。受験生にとっても、とてもよい制度のように思えます。その時点で受験勉強から開放されるからです。

受験が現実のものとなってくる11月、12月、受験生はなかなか成果の出ない受験勉強に焦り、プレッシャーを感じています。

「単願推薦」受諾は、その悩みを解消してくれるマジックです。中学校の先生から提案されれば、ついつい受けてしまいそうになるものです。

しかし、多くの場合、「単願推薦」で合格を約束してもらえる学校は、自分の本来の志望より一段レベルが落ちる学校です。

まだまだ、受験の2月までは実力は伸び続けるのに、いま、安易に走るのは考えものです。

もし三者面談で、学校の先生から「単願」の話が出たら、安易に飛びつく必要はありません。「もう少し考えさせてください」とすぐには決めずに、自分はその高校に進学することで「いままでやってきたことはなんだったのか」「本当にその学校で満足なのか」をよく考え、塾の先生にも相談してみることです。

三者面談で最も大切なことは、「自分はどこの高校に行きたいのかを、はっきりと先生に伝えること」です。

とくに第1志望の学校については、自分の気持ちを強く伝えましょう。

そのうえで「私立高校の合格基準」と「現時点での成績」をもとに先生はアドバイスしてくれるはずです。中学校の先生と受験生は対立関係にあるわけではありません。学校選択に悩むようなら、先生がすすめる学校から選択するのも1つの方法です。

精神科医からの処方箋

子どものこころSOS

大人の知らない「子どものこころ」。そのなかを知ることで、子どもたちをめぐる困難な課題を克服する処方箋を示唆。気鋭の精神科医・春日武彦が「子どものこころ」を解きほぐし、とくに受験期に保護者がとるべき態度や言動をアドバイスします。

A5版　224ページ
定価　2,000円十税
ISBN4-901524-80-1

精神科医
春日 武彦　著

「率直に言って、受験を迎えるお子さんがいるご家庭においては、親子ともに『こころの健康マネージメント』が必要だと感じています。しかし、これを実際におこなっていくのは、なかなかむずかしい。本書は、現実生活のなかでどう対応したらよいのかを、学説や教育論ではなく、こころに届く絶妙な筆致で綴った得難い一冊です」
（教育評論家・森上展安）

子どものこころ？

子どもとうまくつきあいたい

受験期にはどう接すればいい？

★ご注文方法
本書は一般書店にてお買い求めになることができます。万が一、書店店頭に見当たらない場合には、書店にてご注文のうえ、お取りよせいただくか、弊社営業部までご注文ください。ホームページからもご注文いただけます。

株式会社 グローバル教育出版
〒101-0047 東京都千代田区内神田２－４－２　グローバルビル３階
TEL：03-3253-5944（代）　FAX：03-3253-5945

9月号の答えと解説

問題 Q 理科用語クロスワード

理科の用語に関するクロスワードです。カギをヒントにマスに言葉を入れてクロスワードを完成させてください。最後にA～Eのマスの文字を順に並べてできる言葉を答えてください。

1	2		3A			4	5C
6					7		
		8		9B		10	
11	12						
	13D					14	15
16			17		18		
		19			20		
21				E			

タテのカギ

1 ○○○○前線は、9月上旬から10月中旬にかけて日本列島付近に出現する停滞前線
2 話の○○、○○にはまる
3 他人のものを横合いから奪い取ってしまう
4 だ液に含まれる、デンプンを消化する酵素
5 火成岩のうち、花こう岩は深成岩、安山岩は○○○岩に分類される
8 地下で岩石が破砕されることによって起きる
9 大脳やせきずいなどから、手足などの筋肉へ命令を伝える○○○○神経
12 水を電気分解すると、これと酸素に
15 肺を取り囲んでいて、あばら骨とも呼ばれる
16 ○○○植物には、被子植物と裸子植物とがある
17 心臓が血液を送り出すときの規則的な音の響き
18 2で割ると1余る
19 文字で書いたもの。本

ヨコのカギ

1 単位面積当たりの面を垂直に押す力の大きさで、単位はパスカル
4 フェノールフタレイン液は、アルカリ性の水溶液に入れると無色からこの色に変化する
6 マグニチュードは、地震そのものの○○を表す尺度
7 ⇔ 下座（しもざ）
8 ○○○ドア、○○○改札、○○○販売機
10 セキツイ動物のうち、鳥類とほ乳類は胎生で、それ以外は○○生
11 目盛りのついた円筒状のガラス製の容器で、液体の体積を測定するのに用いる
13 ○○性 ⇔ 陽性
14 正でも負でもない整数
16 ○○鳥は、ドイツ南部のジュラ紀の石灰岩から発見されたは虫類と鳥類の中間の生物
17 春は移動性○○○圧と低気圧が交互に日本付近を通過するので、天気は短い周期で変化することが多い
19 気圧計や温度計などの計器が示している目盛りの度数
20 これを1粒ずつにほぐせばイクラに
21 タテ8のとき、初期微動を感じたあとに来る大きな揺れ

解答 ヨウカイド（溶解度）

解説

クロスワードを完成させると、右のようになります。溶解度は、100gの水に物質を飽和するまで溶かして飽和水溶液としたときの、溶けた物質の質量をいいます。溶解度は温度によって変化し、固体については、例外（水酸化カルシウムや硫酸ナトリウムなど）もありますが、普通、温度があがると溶解度が大きくなります。逆に、気体については、温度があがると溶解度は小さくなります。

ア	ツ	リ	**ヨ**	ク		ア	**カ**
キ	ボ		コ		カ	ミ	ザ
サ		ジ	ド	**ウ**		ラ	ン
メ	ス	シ	リ	ン	ダ	ー	
	イ	ン		ド		ゼ	ロ
シ	ソ		コ	ウ	キ		ツ
ユ		シ	ド		ス	ジ	コ
シ	ユ	ヨ	ウ	**ド**	ウ		ツ

＊その他の用語解説

タテ5：マグマが冷えて固まった岩石を火成岩といい、火山岩と深成岩に分けられる。火山岩は、マグマが地表付近で急に冷えて固まった岩石で、安山岩はその代表例。つくりは石基（小さな結晶やガラス質のもの）と斑晶（大きな結晶）からなる斑状組織である。一方、深成岩は、マグマが地下深くでゆっくり冷えて固まった岩石で、花こう岩はその代表例。つくりは、大きな結晶だけからなる等粒状組織である。

タテ16：種子植物には、胚珠が子房につつまれている被子植物と、胚珠がむきだしになっている裸子植物とがある。

ヨコ1：単位面積を垂直に押す力の大きさを圧力といい、次の式で求められる。

圧力（PA）＝
面を垂直に押す力(N)／力がはたらく面積(m^2)

ヨコ10　背骨をもつ動物をセキツイ動物といい、呼吸の方法や体温、子の生まれ方などの特徴から魚類、両生類、は虫類、鳥類、ほ乳類に分けることができる。

ヨコ21　地震が起こると、速さの違う2つの地震波が同時に発生して周りに伝わっていく。速い方の波はP波、遅い方の波はS波という。地表にはP波が先に到着して小さな揺れ（初期微動）を起こし、遅れてS波が到着すると大きな揺れ（主要動）が始まる。

中学生のための学習パズル

今月号の問題

論理パズル

２人組の犯人が、あるアパートに逃げ込みました。追いかけてきた警官は、そのアパートの住人である５人から犯人はだれかと聞いたところ、それぞれ次のように発言しました。

A「私は犯人ではありません。BとDが犯人だと思います。」

B「私は犯人ではありません。AもDも犯人ではないと思います。」

C「私は犯人ではありません。AとDが犯人だと思います。」

D「私は犯人ではありません。AもCも犯人ではないと思います。」

E「私は犯人ではありません。AとBが犯人だと思います。」

５人の発言のうち、本当の犯人である２人は、互いに相手を犯人だと言うことはなく、犯人でない者の発言にはまったく根拠がないものとすると、２人組の犯人はだれとだれでしょうか。

9月号学習パズル当選者

全正解者56名

今堀　匠さん（中３・東京都板橋区）
岸浪　健人さん（中２・千葉県千葉市）
奥仲　乃英さん（中１・千葉県船橋市）

応募方法

●必須記入事項

01　クイズの答え
02　住所
03　氏名（フリガナ）
04　学年
05　年齢
06　右のアンケート解答

◎すべての項目にお答えのうえ、ご応募ください。
◎ハガキ・ＦＡＸ・e-mailのいずれかでご応募ください。
◎正解者のなかから抽選で３名の方に図書カードをプレゼントいたします。
◎当選者の発表は本誌2016年１月号誌上の予定です。

●下記のアンケートにお答えください。

A今月号でおもしろかった記事とその理由
B今後、特集してほしい企画
C今後、取り上げてほしい高校など
Dその他、本誌をお読みになっての感想

◆応募締切日 2015年11月15日（当日消印有効）

◆あて先
〒101-0047　東京都千代田区内神田2-4-2
グローバル教育出版　サクセス編集室
FAX：03-5939-6014
e-mail:success15@g-ap.com

に挑戦!!

玉《たま》川《がわ》学《がく》園《えん》高等部

問題

記号≪a≫で、aを4で割ったときの余りを表すことにする。

例えば、≪9≫$=1$，≪20≫$=0$，≪611≫$=3$である。また、b≪a≫は、bと≪a≫の積を表す。

①≪25≫＋≪58≫－≪509≫＋≪1224≫を計算せよ。

以下、aは2桁の正の整数であるとする。

②2≪a≫$-1=3$となるaのうち、最大のものを求めよ。

③xの2次方程式x^2-≪a≫$x+$（≪a≫$)^2-19=0$の解の1つが$x=5$であるとき、aの最大値と最小値を求めよ。

解答　①2　②$a=98$　③最大値99、最小値10

■ 東京都町田市玉川学園6-1-1
■ 小田急線「玉川学園前駅」徒歩10分、東急田園都市線「青葉台駅」バス
■ 042-739-8931
■ http://www.tamagawa.jp/academy/

学校説明会

10月31日（土）　10：00～12：00
11月６日（金）　19：00～20：00
12月５日（土）　10：00～12：00
※11/6のみ要予約

富《ふ》士《じ》見《み》丘《がおか》高等学校

問題

次の説明文を読み、その意味に該当する語を以下より記号で答えなさい。

A　民族や国家を独立・統一し、その発展を目指す思想や運動。

B　少数、少数派、少数民族、未成年といった意味。社会の中での少数派。

C　特定の集団に固有の世界観。政治や制度上の主義信条。

D　宇宙の、宇宙的な、神秘的な。

E　現実離れしていて空想的で甘美な様子。

［ア］イデオロギー　［イ］コスミック　［ウ］マイノリティ　［エ］ロマンチック
［オ］ナルシシズム　［カ］ナショナリズム

解答　A［カ］　B［ウ］　C［ア］　D［イ］　E［エ］

■ 東京都渋谷区笹塚3-19-9
■ 京王線「笹塚駅」徒歩5分
■ 03-3376-1481
■ http://www.fujimigaoka.ac.jp

個人相談会　要予約

11月23日（月祝）14：00～15：00
※説明会（13：00～）あり

入試問題傾向と対策

11月28日（土）14：00～15：00
※説明会（13：00～）あり
※個人相談会（15：00～、要予約）あり
12月５日（土）　11：00～12：00
※説明会（10：00～）あり
※個人相談会（12：00～、要予約）あり

ワールドカフェ（在校生との懇談会）要予約

12月20日（日）　14：00～15：00
※説明会（13：00～）あり

私立高校の 入試問題

国《こう》府《の》台《だい》女《じょ》子《し》学《がく》院《いん》高等部

■ 千葉県市川市菅野3-24-1
■ 京成線「市川真間駅」徒歩5分、JR総武線「市川駅」徒歩12分またはバス、JR常磐線「松戸駅」バス
■ 047-326-8100
■ http://www.konodai-gs.ac.jp/

学校説明会
両日とも10：00〜11：30
11月7日（土）　11月21日（土）

問題

次の1〜4は日本文の意味に合うように（　）内の語（句）を並べかえなさい。ただし、文頭に来る語（句）も小文字になっています。5は日本文を英文にしなさい。

1　昨日彼が話したDVDは売り切れている。
(yesterday / the DVD / sold / about / out / he / talked / is).

2　市川では二ヶ月以上も雨が降っていない。
(in / two months / rain / had / no / for / we / more / have / than) Ichikawa.

3　まもなく宇宙旅行が可能になるだろう。
We (before / travel / be / to / into / will / space / able / long).

4　あの有名俳優が書いたサインは最も価値のあるものだと思います。
I think (precious / written / than / nothing / the autograph / by / is / more) the famous actor.

5　病院まで連れて行ってくれるなんてとても親切ですね。(enough を用いること)

解答
1 (The DVD he talked about yesterday is sold out).
2 (We have had no rain for more than two months in) Ichikawa.
3 We (will be able to travel into space before long).
4 I think (nothing is more precious than the autograph written by) the famous actor.
5 You are kind enough to take me to the hospital.

杉《すぎ》並《なみ》学《がく》院《いん》高等学校

■ 東京都杉並区阿佐谷南2-30-17
■ JR中央線・総武線・地下鉄東西線「高円寺駅」「阿佐ヶ谷駅」徒歩8分
■ 03-3316-3311
■ http://www.suginami.ac.jp/

入試説明会
すべて14：30
10月24日（土）　11月7日（土）
11月28日（土）　12月5日（土）
12月12日（土）

問題

（　）内の語を適した形に直しなさい。答えが2語になる場合もある。

(1) Did you enjoy (watch) a movie with her?

(2) Time is (important) than money.

(3) Oh, dear! I left my (glass) at home. I can't read the menu.

(4) This is the best cheese in the world. (It) name is Camembert.

(5) The man (talk) with the guests looks tired.

解答 (1) watching　(2) more important　(3) glasses　(4) Its　(5) talking

\みんなの/
お便りコーナー
サクセス広場

テーマ
いま、○○にはまってます

何気なく聴いたラジオ番組が笑っちゃうくらいおもしろくて、それから**ラジオ**にはまってます。たまに気に入る曲に出会えたりもするので、ラジオ、いいですよ～！
（中３・DJしおりさん）

父との**サイクリング**。土日は父とマウンテンバイクに乗って色々なところに出かけています。
（中１・Y.K.さん）

夏休みにやってた、**ご飯のおとも作り**が引き続きマイブーム。母直伝の大葉味噌のおいしさを超えるご飯のおともを開発中です。
（中２・ラブさん）

シャーペン集めにはまっています。それぞれ書きやすさが全然違うので、色々集めて気分で使い分けています。
（中２・気分屋さん）

パン作りにはまっています。発酵させて膨らんだ生地がなんだか可愛くてたまらないんです。
（中２・T.Y.さん）

卓球です。中学校に入って始めたのですが、のめり込んでいます。なんでこんなに楽しい競技をこれまでやったことがなかったんだろう！
（中１・ピングポングさん）

テーマ
もしも性別が逆だったら…

髪を思いきり伸ばす！ ぼくの髪はサラサラで女の子にもうらやましがられるんです。でも、校則で男子は長髪禁止なので…。
（中３・男は髪が命さん）

父や兄のように、お風呂あがりに**パンツ一丁**で歩いてみたい！
（中３・明るい杉村さん）

化粧をしてみたい！　女の人は化粧で変わるっていうのが本当か試してみたい。
（中１・地味顔さん）

ソフトボール部に入っているのですが、もし私が男子だったら**野球**がやりたかったですね。
（中２・中国では塁球らしいさん）

女子トークを観察する。いつもあんなに色々と、いったいなにを話すことがあるのかとても興味があります。
（中３・不言実行さん）

男子みたいに**たくさんご飯を食べてみたい**です！　女子にしては食いしん坊な私ですが、男子だったらもっとたくさん食べられるのかな～いいな～と思っていたので、試してみたい！
（中３・育ち盛りさん）

テーマ
やってみたい習い事

書道です。いま隣の席の子がすごく字が上手なんですけど、小学校のころから書道を習ってたらしいんです。きれいな字に憧れます。
（中２・おふでさん）

ダンス！ 中学にはダンス部がないので、高校で入るためにも、いまからスクールに通いたい！
（中１・ランニングマンさん）

料理が好きなので、**料理教室**に行ってみたいです！　習った料理を家族に食べてもらいたいです。
（中３・好き嫌いゼロさん）

ヨガ。母がはまっていて、とても気持ちいいらしいので。
（中２・ナマステ～さん）

日本舞踊！ こんな私でも女らしくなれる気がする！
（中２・大和撫子になりたいさん）

必須記入事項

A／テーマ、その理由　B／住所　C／氏名
D／学年　E／ご意見、ご感想など

ハガキ、FAX、メールを下記までどしどしお寄せください!
住所・氏名は正しく書いてください!!
ペンネームは氏名のうしろに(　)で書いてネ!
【例】サク山太郎（サクちゃん）

宛先

〒101-0047　東京都千代田区内神田2-4-2
グローバル教育出版　サクセス編集室
FAX:03-5939-6014
e-mail:success15@g-ap.com

募集中のテーマ

「好きな乗り物」
「もし超能力が使えたら?」
「最近読んで感動した本」

応募〆切 2015年11月15日

ここにメールしてね!!

success15

ケータイ・スマホから上のQRコードを読み取り、メールすることもできます。

Present!!
掲載された方には抽選で**図書カード**をお届けします!

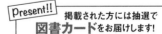

サクセス イベントスケジュール

10月～11月

世間で注目のイベントを紹介

ハロウィン

10月31日はハロウィン。英語圏を中心に盛んで、子どもたちが家々を訪ねてお菓子をもらったり、お化けの仮装をしたりする行事だ。日本でもハロウィン当日に街で仮装をした人を多く見かけるよね。起源は古代ケルト人のお祭りで、秋の収穫を祝うと同時に、悪霊から身を守る儀式の意味合いがあったんだ。

個性豊かなコレクション

プラド美術館展
―スペイン宮廷 美への情熱―

10月10日（土）～1月31日（日）
三菱一号館美術館

スペインのプラド美術館は、王室コレクションを中核に設立され、歴代のスペイン国王の趣味が反映された個性豊かなコレクションを持つことでも有名だ。この展覧会では、プラド美術館から、スペイン3大画家エル・グレコ、ベラスケス、ゴヤを始め、ヨーロッパ絵画史に名を残す巨匠の作品を紹介。スペイン宮廷の美への情熱を感じてほしい。

ペーテル・パウル・ルーベンス《アポロンと大蛇ピュトン》1636-37年 油彩・板 26.8×42.2cm プラド美術館蔵 ©Archivo Fotográfico, Museo Nacional del Prado. Madrid.

「プラド美術館展」の招待券を5組10名様にプレゼントします。応募方法は下記を参照。

ご当地ラーメン集結！

東京ラーメンショー2015

10月23日（金）～11月3日（火祝）
駒沢オリンピック公園中央広場

食欲の秋はラーメンで決まり！　7回目を迎える東京ラーメンショーは、都内最大規模の野外ラーメンイベント。開催期間を2つに区切った第1幕と第2幕で実施され、合わせて40種類以上のラーメンが味わえる。日本各地の「ご当地ラーメン」や、有名店が協力して作りあげた「オリジナルコラボラーメン」など、どれを食べようか迷うのも楽しい。

兵馬俑に見る始皇帝の夢

特別展
始皇帝と大兵馬俑

10月27日（火）～2月21日（日）
東京国立博物館

「俑《よう》」とは、死者のためにお墓にいっしょに埋葬した像のことで、「兵馬俑《へいばよう》」は兵士や騎馬の形をした俑だ。初めて中国大陸を統一した秦の始皇帝の兵馬俑は、ほぼ等身大で約8000体あり、全体で1つの軍団を表しているというスケールの大きなもの。なぜこんなすごい兵馬俑を作ったのか…。実物を見ながら、始皇帝が夢見た死後の世界を探ってみよう。

「始皇帝と大兵馬俑展」の招待券を5組10名様にプレゼントします。応募方法は下記を参照。

兵馬俑《へいばよう》（右から）跪射俑／軍吏俑／将軍俑／歩兵俑／立射俑　秦時代・前3世紀　秦始皇帝陵博物院蔵　©陝西省文物局・陝西省文物交流中心・秦始皇帝陵博物院

高円寺の街中が熱くなる！

高円寺フェス2015

10月31日（土）・11月1日（日）
JR高円寺駅周辺

高円寺の街がまるで文化祭のように熱く盛りあがる2日間。ゆるキャラまつり、駅前プロレス、コスプレ、多彩なワークショップなどたくさんのイベントが目白押し。高円寺フェス参加店で行われる「しりとりスタンプラリー」（無料）や「びっくり100円めぐり」など、中学生のお小遣いでも十分楽しめる企画も多いよ。友だちを誘って出かけてみよう。

「黄金のファラオと大ピラミッド展」の招待券を5組10名様にプレゼントします。応募方法は下記を参照。

アメンエムオペト王の黄金のマスク 第3中間期 第21王朝（前993～984年） 国立カイロ博物館蔵

古代エジプトの夢とロマン

黄金のファラオと大ピラミッド展

10月16日（金）～1月3日（日）
森アーツセンターギャラリー

展覧会のテーマは「ファラオとピラミッド」。ツタンカーメン王の黄金のマスクと並ぶ、3大黄金マスクの1つ、「アメンエムオペト王の黄金のマスク」や、美しい「彩色木棺」など、世界一のエジプトコレクションを誇る国立カイロ博物館から、選りすぐりの至宝が来日！　夢とロマンにあふれた古代エジプトの世界へ思いをはせてみよう。

「村上隆の五百羅漢図展」の招待券を5組10名様にプレゼントします。応募方法は下記を参照。

村上 隆《五百羅漢図》（部分）2012年アクリル、カンバス、板にマウント302×10,000cm 個人蔵 ©2012 Takashi Murakami/Kaikai Kiki Co., Ltd. All Rights Reserved.

全長100mの超巨大絵画！

村上隆の五百羅漢図展

10月31日（土）～3月6日（日）
森美術館

世界的アーティスト・村上隆の大規模個展が14年ぶりに開催。全作品が日本初公開というなかで、一番の注目は展覧会の題にもある《五百羅漢図《ごひゃくらかんず》》。なんと全長100mにおよぶ超大作で、スケールの大きさに圧倒されるはず（五百羅漢とは、釈迦《しゃか》の教えを広めた500人の聖人のことで、日本では古くから影像や絵画などで表現されていた題材でもある）。

招待券プレゼント！　希望する展覧会の名称・住所・氏名・年齢・「サクセス15」を読んでのご意見ご感想を明記のうえ、編集部までお送りください（応募締切2015年11月15日必着　あて先は93ページ参照）。当選の発表は賞品の発送をもってかえさせていただきます。

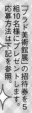

“個別指導”だからできること × “早稲アカ”だからできること

- 難関校にも対応できる
- 弱点科目を集中的に学習できる
- 最終授業が20時から受けられる
- 早稲アカのカリキュラムで学習できる

広がる早稲田アカデミー個別指導ネットワーク

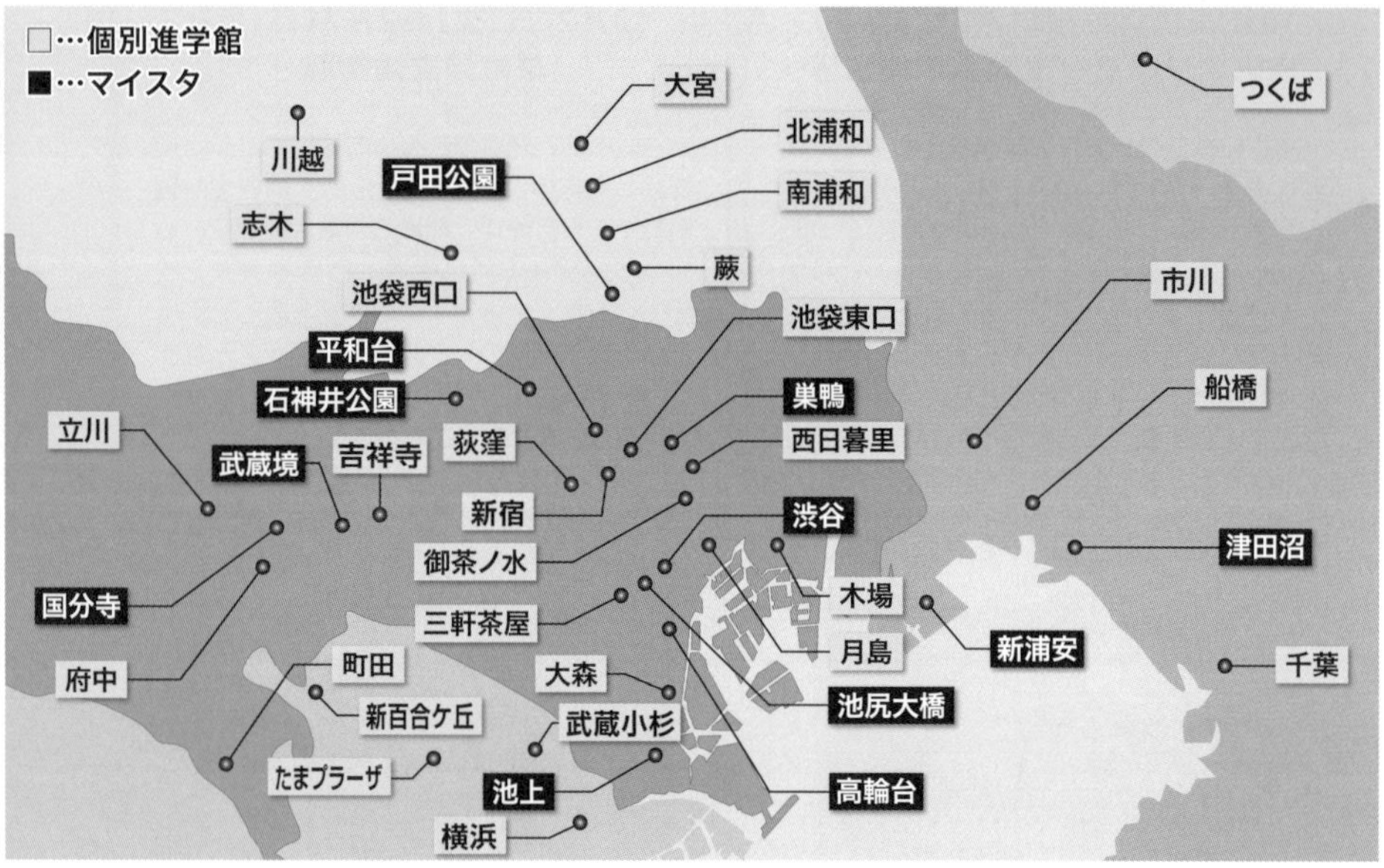

マイスタは2001年に池尻大橋教室・戸田公園教室の2校でスタートし、個別進学館は2010年の志木校の1校でスタートした、早稲田アカデミーの個別指導ブランドです。お子様の状況に応じて受講時間・受講科目が選べます。また、早稲田アカデミーの個別指導なので、集団授業と同内容を個別指導で受講することができます。マイスタは1授業80分で1:1または1:2の指導形式です。個別進学館は1授業90分で指導形式は1:2となっています。カリキュラムなどはお子様の学習状況、志望校などにより異なってきます。お気軽にお近くの教室・校舎にお問い合わせください。

悩んでいます… 中2

クラブチームに所属していて、近くの早稲アカに通いたいのに、曜日が合わない科目があります。

解決します！

早稲アカの個別指導では、集団校舎のカリキュラムに準拠した指導が受けられます。数学だけ曜日があわないのであれば、数学だけ個別で受講することも可能です。もちろん、3科目を個別指導で受講することもできます。

悩んでいます… 中3

中3ですが、英語は中2内容から不安があります。何とかしたいのですが、さかのぼって中2内容を勉強できますか？

解決します！

あなたの定着度を分析してカリキュラムを作ります。中3であっても中2範囲がつまずきの原因であれば、その部分から学習をやり直すことが可能です。学年にとらわれず、一人ひとりに合わせたカリキュラムを提案させていただきます。

悩んでいます… 中2

12月の難関チャレンジ公開模試に向けて弱点を対策しておきたい！

解決します！

早稲アカの個別指導なので、難易度の高い問題への対策を行うことができます。早稲アカ各種テストの対策ができるのも早稲アカ個別指導の特徴です。通常の授業に加え、ピンポイントで授業回数を増加することが可能です。

小1～高3 冬期講習会 12月・1月実施

小・中・高 全学年対応／難関受験・個別指導・人材育成

早稲田アカデミー個別進学館

WASEDA ACADEMY KOBETSU SCHOOL

お問い合わせ・お申し込みは最寄りの個別進学館各校舎までお気軽に！

池袋西口校 03-5992-5901	池袋東口校 03-3971-1611	大森校 03-5746-3377	荻窪校 03-3220-0611	御茶ノ水校 03-3259-8411
木場校 03-6458-5153	吉祥寺校 042-222-9211	三軒茶屋校 03-5779-8678	新宿校 03-3370-2911	立川校 042-548-0788
月島校 03-3531-3860	西日暮里校 03-3802-1101	府中校 042-314-1222	町田校 042-720-4331	新百合ヶ丘校 044-951-1550
たまプラーザ校 045-901-9101	武蔵小杉校 044-739-3557	横浜校 045-323-2511	大宮校 048-650-7225	川越校 049-277-5143
北浦和校 048-822-6801	志木校 048-485-6520	南浦和校 048-882-5721	蕨 校 048-444-3355	市川校 047-303-3739
千葉校 043-302-5811	船橋校 047-411-1099	つくば校 029-855-2660	首都圏に28校舎 （今後も続々開校予定）	

MYSTA

早稲田アカデミー 個別指導マイスタ

お問い合わせ・お申し込みは最寄りのMYSTA各教室までお気軽に！

渋谷教室 03-3409-2311	池尻大橋教室 03-3485-8111	高輪台教室 03-3443-4781
池上教室 03-3751-2141	巣鴨教室 03-5394-2911	平和台教室 03-5399-0811
石神井公園教室 03-3997-9011	武蔵境教室 0422-33-6311	国分寺教室 042-328-6711
戸田公園教室 048-432-7651	新浦安教室 047-355-4711	津田沼教室 047-474-5021

早稲アカの大学受験部門

早稲田アカデミーなら最難関の東大、憧れの早慶上智、人気のGMARCH理科大に、大きく伸びて現役合格できる

1人でもない、大人数に埋もれない、映像でもない「少人数ライブ授業」

生徒と講師が互いにコミュニケーションを取りながら進んでいく、対話型・参加型の少人数でのライブ授業を早稲田アカデミーは大切にしています。講師が一方的に講義を進めるのではなく、講師から質問を投げかけ、皆さんからの応えを受けて、さらに理解を深め、思考力を高めていきます。この生徒と講師が一体となって作り上げる高い学習効果は大教室で行われる授業や映像授業では得られないものです。

授業で終わらない。皆さんの家庭学習の指導も行い、第一志望校現役合格へ導きます

学力を高めるのは授業だけではありません。授業と同じくらい大切なのが、日々の家庭学習や各教科の学習法。効率的に授業の復習ができる家庭学習教材、必ず次回授業で実施される課題のフィードバック。面談で行われる個別の学習方法アドバイス。一人ひとりに最適なプランを提案します。

同じ目標を持つ友人との競争と熱意あふれる講師たち。無限大の伸びを作る環境がある

早稲田アカデミーは、志望校にあわせた学力別クラス編成。同じ目標を持つ友人と競い合い、励ましあいながら、ひとつのチームとして第一志望校合格への道を進んでいきます。少人数ならではでいつでも講師に質問ができ、講師は生徒一人ひとりに直接アドバイスをします。学習空間がもたらす二つの刺激が、大きな学力の伸びをもたらします。

偏差値40～50台から憧れの早慶上智大へ現役合格できる

サクセス18の早慶上智大合格者の内、実に半数以上が高1の時の偏差値が40～50台だったのです。こうした生徒達は皆サクセス18で大きく学力を伸ばし、第一志望大学現役合格の夢を実現させたのです。次は皆さんの番です。サクセス18スタッフが皆さんの夢の実現をお手伝いします。

高1からの在籍で偏差値65以上の 早慶上智大 合格者の53%は 高校1年生のときには 偏差値40～50台だった。

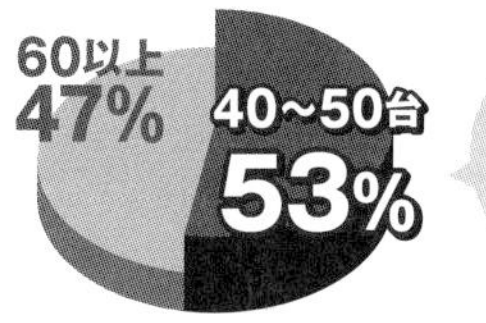

2015年大学入試早慶上智大合格者の
高1生シニアテスト(英・数・国)偏差値より

中3・高1対象 パソコン・スマホで簡単申込み!! 無料 **無料日曜特講** 1日に集中して英語・数学の重要単元を徹底的にマスターします。 **11/23㊗ 12/13㊐**	高2対象 パソコン・スマホで簡単申込み!! 無料 **東大現役合格セミナー** 東大必勝コース担当者が現役で合格するために必要なことを懇切丁寧に伝えます。 **11/15㊐**	高2対象 パソコン・スマホで簡単申込み!! 無料 **早慶上智大現役合格セミナー** 早慶上智大現役合格! 今からはじめれば実現できる! **11/23㊗**
中1・高1対象 パソコン・スマホで簡単申込み!! 無料 **東大への数学** 東京大学への現役合格を目標として大学進学後にも活きていくことを数学の授業を通して伝えていきます **11/15㊐**	高2対象 パソコン・スマホで簡単申込み!! 無料 **早慶大必勝ジュニア** 早慶大への圧倒的な合格率を誇るサクセス18が早慶大のポイントを伝授! **11月実施** 詳しい日程はサクセス18各校舎までお問い合わせください。	中1～高2対象 無料 **定期試験対策講座** □ 単元別クラス授業 □ 学校別対策授業 □ 個別質問会 **12月実施**

早稲田アカデミー 本気、現役合格
現役生難関大受験専門塾サクセスエイティーン
SUCCESS18

大学受験部 ☎03(5954)3581(代)
パソコン・スマホで 早稲田アカデミー 検索 ➡ 「高校生コース」をクリック!

高校生対象

医学部現役合格

医学部受験専門エキスパート講師が生徒が解けるまでつきっきりで指導する! だから最難関の医学部にも現役合格できる!

医学部という同じ目標を持つ仲間と切磋琢磨! 現役合格は狭き門。入試でのライバルは高卒生。

一部の高校を除き、医学部志望者がクラスに多数いることは非常に稀です。同じ目標を持つ生徒が集まる野田クルゼの環境こそが、医学部現役合格への厳しい道のりを乗り越える原動力となります。

また、医学部受験生の約70%は高卒生です。現役合格のためには早期からしっかりとした英語、数学の基礎固めと、理科への対応が欠かせません。

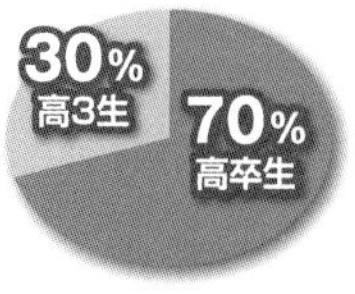

■医学部受験生の割合

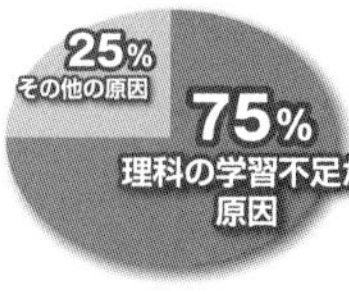

■現役合格を逃した原因

- **Point 1** 一人ひとりを徹底把握 **目の行き届く少人数指導**
- **Point 2** 医学部専門の **定着を重視した復習型の授業**
- **Point 3** 受験のエキスパート **東大系主力講師陣**
- **Point 4** いつでも先生が対応してくれる **充実の質問対応と個別指導**
- **Point 5** 推薦・AO入試も完全対応 **経験に基づく万全の進路指導**
- **Point 6** 医学部の最新情報が全て集結 **蓄積している入試データが桁違い**

Success15 Back Number

サクセス15 バックナンバー好評発売中!

2015 10月号

社会と理科の分野別勉強法

図書館で、本の世界を旅しよう!

SCHOOL EXPRESS
東京都立戸山

Focus on
明治大学付属中野

2015 9月号

どんな部があるのかな? 高校の文化部紹介

集中力が高まる 8つの方法

SCHOOL EXPRESS
神奈川県立横浜翠嵐

Focus on
中央大学杉並

2015 8月号

夏休み レベルアップガイド

作ってみよう! 夏バテを防ぐ料理

SCHOOL EXPRESS
早稲田大学本庄高等学院

Focus on
法政大学第二

2015 7月号

参加しよう 学校説明会etc

中学生のための 手帳活用術

SCHOOL EXPRESS
東京都立西

Focus on
青山学院高等部

2015 6月号

キミもチャレンジしてみよう 高校入試数学問題特集

一度は行ってみたい! 世界&日本の世界遺産

SCHOOL EXPRESS
慶應義塾志木

Focus on 公立高校
東京都立富士

2015 5月号

先輩教えて! 合格をつかむための13の質問

数学っておもしろい! 数の不思議

SCHOOL EXPRESS
早稲田大学高等学院

Focus on 公立高校
神奈川県立湘南

2015 4月号

国立・公立・私立 徹底比較2015

東大生オススメ ブックレビュー

SCHOOL EXPRESS
早稲田実業学校高等部

Focus on 公立高校
神奈川県立横浜緑ケ丘

2015 3月号

もっと知りたい! 高大連携教育

宇宙について学べる施設

SCHOOL EXPRESS
国際基督教大学

Focus on 公立高校
茨城県立土浦第一

2015 2月号

受験生必見! 入試直前ガイダンス

2014年こんなことがありました

SCHOOL EXPRESS 昭和学院秀英

Focus on 公立高校 東京都立青山

2015 1月号

学年別 冬休みの過ごし方

パワースポットで合格祈願

SCHOOL EXPRESS 慶應義塾湘南藤沢

Focus on 公立高校 千葉県立千葉東

2014 12月号

いまから知ろう! 首都圏難関私立大学

スキマ時間の使い方

SCHOOL EXPRESS 明治大学付属明治

Focus on 公立高校 埼玉県立川越

2014 11月号

過去問演習5つのポイント

本気で使える文房具

SCHOOL EXPRESS 立教新座

Focus on 公立高校 神奈川県立柏陽

2014 10月号

大学生の先輩に聞く 2学期から伸びる勉強のコツ

「ディベート」の魅力とは

SCHOOL EXPRESS 筑波大学附属駒場

Focus on 公立高校 千葉県立薬園台

2014 9月号

こんなに楽しい! 高校の体育祭・文化祭

英語でことわざ

SCHOOL EXPRESS 渋谷教育学園幕張

Focus on 公立高校 東京都立国分寺

2014 8月号

2014年 夏休み徹底活用術

夏バテしない身体作り

SCHOOL EXPRESS 市川

Focus on 公立高校 埼玉県立川越女子

2014 7月号

イチから考える 志望校の選び方

日本全国なんでもベスト3

SCHOOL EXPRESS 筑波大学附属

Focus on 公立高校 東京都立三田

これより前のバックナンバーはホームページでご覧いただけます(http://success.waseda-ac.net/)

How to order
バックナンバーのお求めは

バックナンバーのご注文は電話・FAX・ホームページにてお受けしております。詳しくは104ページの「information」をご覧ください。